Poe's Gedichten

Edgar Allen Poe's

Vier Gepubliceerde Dichtbundels

(1827-1829-1831-1845)

Copyright © 2024 door Autri Books

Alle rechten voorbehouden. Niets uit deze uitgave mag worden verveelvoudigd door fotokopieën, opnamen of andere elektronische of mechanische methoden zonder voorafgaande schriftelijke toestemming van de uitgever, behalve in het geval van korte citaten in kritische recensies en bepaalde andere niet-commerciële toepassingen die zijn toegestaan door de auteurswet.

Deze uitgave maakt deel uit van de "Autri Books Classic Literature Collection" en bevat vertalingen, redactionele inhoud en ontwerpelementen die origineel zijn voor deze uitgave en beschermd zijn onder het auteursrecht. De onderliggende tekst behoort tot het publieke domein en valt niet onder het auteursrecht, maar alle toevoegingen en wijzigingen vallen onder het auteursrecht van Autri Books.

Autri Books publicaties kunnen worden aangeschaft voor educatief, commercieel of promotioneel gebruik.

Neem voor meer informatie contact op met:

autribooks.com | support@autribooks.com

ISBN: 979-8-3306-0854-6
Eerste editie uitgegeven door Autri Books in 2024.

TAMERLANE

AND

OTHER POEMS.

BY A BOSTONIAN.

Young heads are giddy, and young hearts are warm,
And make mistakes for manhood to reform. COWPER

BOSTON:
CALVIN F. S. THOMAS....PRINTER.

1827.

TAMERLANE

EN

ANDERE GEDICHTEN.

DOOR EEN BOSTONIAN.

Jonge hoofden zijn duizelig, en jonge harten zijn warm,
En fouten maken om de mannelijkheid te hervormen. COWPER.

BOSTON:

CALVIJN F. S. THOMAS..... PRINTER.

. . . .

1827.

Inhoudsopgave

[Voorwoord]

Tamerlane

VOORTVLUCHTIGE STUKKEN.

Naar —— [Lied]

Dromen

Bezoek van de Doden [Geesten van de Doden]

Avondster

Imitatie

Untitled [Stanzas] ["In mijn jeugd heb ik gekend..."]

Untitled [A Dream] ["Een wilder wezen vanaf mijn geboorte..."]

Untitled [De gelukkigste dag] ["De gelukkigste dag - het gelukkigste uur..."]

Het meer

INLEIDING.

Het grootste deel van de gedichten waaruit deze kleine bundel bestaat, werd geschreven in het jaar 1821-2, toen de schrijver zijn veertiende jaar nog niet had voltooid. Ze waren natuurlijk niet bedoeld voor publicatie; Waarom ze nu gepubliceerd zijn, gaat niemand anders aan dan hijzelf. Van de kleinere stukken behoeft weinig gezegd te worden; ze smaken misschien te veel naar egoïsme; Maar ze werden geschreven door iemand die te jong was om enige kennis van de wereld te hebben dan uit zijn eigen borst.

In Tamerlane heeft hij geprobeerd de dwaasheid bloot te leggen om zelfs de beste gevoelens van het hart te riskeren bij het heiligdom van ambitie. Hij is zich ervan bewust dat hierin veel gebreken zitten (naast die van het algemene karakter van het gedicht) die hij zichzelf vleit, hij had ze met weinig moeite kunnen corrigeren, maar in tegenstelling tot veel van zijn voorgangers is hij te dol geweest op zijn vroege producties om ze op zijn oude dag te wijzigen.

Hij zal niet zeggen dat het hem onverschillig staat tegenover het succes van deze gedichten – het zou hem kunnen aanzetten tot andere pogingen – maar hij kan gerust beweren dat mislukking hem in het geheel niet zal beïnvloeden in een reeds aangenomen resolutie. Dit is uitdagende kritiek,- laat het zo zijn. Nos hæc novimus esse nihil.

TAMERLANE.

I.

Ik heb u laten komen, heilige broeder;
Maar het was niet met de dronken hoop,
Dat is niets anders dan een kwelling van verlangen
Om het lot te mijden, om mee om te gaan
Is meer dan de misdaad mag durven dromen,
Dat Ik u op dit uur heb geroepen:
Zo'n vader is niet mijn thema —
Ik ben ook niet gek om die macht te achten
Van de aarde kan mij verschrompelen van de zonde
Onaardse trots heeft zich verlustigd in -
Ik zou je geen dwaas willen noemen, oude man,
Maar hoop is geen gave van u;
Als ik kan hopen (O God! Dat kan ik)
Het valt uit een eeuwig heiligdom.

II.

De vrolijke muur van deze protserige toren
Wordt vaag om me heen - de dood is nabij.
Ik had niet gedacht, tot op dit uur
Bij het passeren van de aarde, dat oor
Van iedereen, ware het niet de schaduw
Van iemand die ik in het leven heb gemaakt
Allemaal mysterie behalve een eenvoudige naam,
Zou het geheim van een geest kunnen kennen
Boog zich neer in verdriet en in schaamte. —
Schaamte zei gij?

Ja, ik heb geërfd
Dat haat [[gehaat]] deel, met de roem,
De wereldse heerlijkheid, die zich heeft getoond
Een demonisch licht rond mijn troon,
Mijn verschroeide hart verschroeien met pijn
Niet de hel zal me weer vrezen.

III.

Ik ben niet altijd geweest zoals nu –
De koortsige diadeem op mijn voorhoofd
Ik heb geclaimd en gewonnen op usurperende wijze -
Ja - dezelfde erfenis heeft gegeven
Rome aan de keizer — dit voor mij;
De erfenis van een koninklijke geest -
En een trotse geest, die heeft gestreefd naar
Triomfantelijk met de mensheid.

In de berglucht tekende ik voor het eerst leven;
De nevels van de Taglay zijn opgetrokken
's Nachts hun dauw op mijn jonge hoofd;
En mijn hersenen dronken toen hun gif,
Wanneer na een dag van gevaarlijke strijd
Met gemzen zou ik zijn hol grijpen
En sluimer, in mijn trots op macht,
De jonge monarch van het uur -
Want, met de bergdauw in de nacht,
Mijn ziel nam onvervuld gevoel in zich op;
En ik zou de essentie ervan voelen stelen
In dromen op mij - terwijl het licht
Flitsend uit de wolk die zweefde,
Zou lijken op mijn half sluitende oog
De pracht en praal van de monarchie!
En het echoënde gebrul van de diepe donder
Kwam haastig op me af en vertelde
Van oorlog en tumult, waar mijn stem
Mijn eigen stem, onnozel kind! zwol aan
(O, hoe zou mijn wilde hart zich verheugen
En spring in mij bij de kreet)
De strijdkreet van de overwinning!

IV.

De regen kwam op mijn hoofd neer
Maar nauwelijks beschut - en de wind
Ging snel aan me voorbij - maar mijn geest
Was boos - want het was de man die schuurde
Lauweren op mij - en de haast,
De stortvloed van de kille lucht
Gorgelde in mijn smeekbeden oor de crash [[verliefdheid]]
Van rijken, met het gebed van de gevangene,
Het geroezemoes van vrijers, de gemengde toon
Van vleierij rond de troon van een sov'reign.

De storm was gaan liggen - en ik werd wakker -
Zijn geest wiegde me in slaap,
En toen het me passeerde, brak er
Vreemd licht op mij, al was het
Mijn ziel in mysterie om te slapen [[steil]]:
Want ik was niet zoals ik geweest was;
Het kind van de natuur, zonder zorg,
Of dacht, behalve de voorbijgaande scène. —

V.

Mijn passies, van dat ongelukkige uur,
Usurp'd een tirannie, die mannen
Heb geacht, sinds ik aan de macht ben gekomen
Mijn aangeboren natuur — het zij zo:
Maar, vader, er leefde er een die toen...
Toen, in mijn jongensjaren, toen hun vuur
Verbrand met een nog intensere gloed;
(Want de hartstocht moet met de jeugd vergaan)
Ev'n dan, wie achtte dit ijzeren hart
In de zwakheid van de vrouw speelde een rol.

Ik heb er geen woorden voor, helaas! om te vertellen
De lieflijkheid van goed liefhebben!
Ik zou ook niet durven proberen te traceren
De ademende schoonheid van een gezicht,
Welke ev'n naar mijn hartstochtelijke geest,
Laat zijn herinnering niet achter.
In de lente van het leven hebt gij niet gewoond
Een voorwerp van verrukking op,
Met standvastig oog, totdat gij gevoeld hebt
De aardspoel - en de visie verdwenen?
En ik heb het oog van mijn moeder vastgehouden
Eén object - en maar één - totdat
Zijn eigen vorm is aan mij voorbijgegaan,
Maar liet zijn invloed nog steeds bij mij achter.

VI.

*Het is niet aan u om te noemen -
Gij kunt niet — zou niet durven denken
Het magische rijk van een vlam
Welke ev'n op deze gevaarlijke rand
Heeft mijn ziel gefixeerd, hoewel onvergeeflijk
Door wat het verloor aan passie - Heav'n.
Ik had lief - en O, hoe teder!
Ja! Ze [[was]] alle liefde waard!*

*Zoals in de kindertijd de mijne was
Maar dan kon zijn hartstocht niet zijn:
't Was zoals engelengeesten boven
Zou jaloers kunnen zijn - haar jonge hart, het heiligdom
Waarop mijn hoop en gedachte
Waren wierook - dan een goed geschenk -
Want zij waren kinderlijk, zonder zonde,
Zuiver zoals haar jonge voorbeelden leerden;
Waarom heb ik het verlaten en op drift geraakt,
Vertrouw op de wispelturige ster in [[?]]*

VII.

We groeiden in leeftijd en liefde samen,
Zwerven door het bos en de wildernis;
Mijn borst haar schild bij winters weer,
En toen de vriendelijke zon glimlachte
En ze zou de op'ning hemel markeren,
Ik zag geen Heav'n, maar in haar ogen -
Ev'n kindertijd kent het menselijk hart;
Voor wanneer, in zonneschijn en in glimlachen,
Van al onze kleine zorgen afzonderlijk,
Lachend om haar half onnozele listen,
Ik zou me op haar kloppende borst gooien,
En stort mijn geest uit in tranen,
Ze zou opkijken in mijn wildere ogen -
Het was niet nodig om de rest te spreken.
Het is niet nodig om haar vriendelijke angsten te kalmeren -
Ze vroeg niet naar de reden waarom.

De heilige herinnering aan die jaren
Komt bij me in deze eenzame uren,
En, met zoete lieflijkheid, verschijnt
Als parfum van vreemde zomerstromen;
Van flow'rs die we eerder hebben gekend
In de kindertijd, die zag, herinneren
Naar mind - niet alleen flow'rs - maar meer
Ons aardse leven, en liefde - en alles.

VIII.

Ja! Ze was alle liefde waard!
Ev'n zoals uit de vervloekte tijd
Mijn geest streed met de storm,
Als je alleen op de bergtop bent,
Ambitie gaf het een nieuwe toon,
En gebood haar eerst van misdaad te dromen,
Mijn frenzy [[razernij]] aan haar boezem leerde:
We waren nog jong: geen zuiverder gedachte
Woon in de borst van een serafs dan in de uwe;
Want hartstochtelijke liefde is nog steeds goddelijk:
Ik hield van haar zoals een engel dat zou doen
Met straal van het alle levende licht
Die brandt op het heiligdom van Edis.
Het is zeker geen zonde om te benoemen,
Met zulke als de mijne - die mystieke vlam,
Ik had geen ander bestaan dan in u!
De wereld met al zijn trein van helder
En gelukkige schoonheid (voor mij
Alles was een onbestemd genot)
De wereld - haar vreugde - haar deel van de pijn
Wat ik niet voelde - zijn lichaamsvormen
Van gevarieerd zijn, die bevatten
De lichaamsloze geesten van de stormen,
De zon en de rust - het ideaal
En vluchtige ijdelheden van dromen,
Angstaanjagend mooi! De echte
Niets van het middagleven in de waken -
Van een betoverd leven, dat lijkt,
Als ik nu terugkijk, de strijd
Van een zieke demon, met een kracht

*Die mij in een kwaad uur achterliet,
Alles wat ik voelde, of zag, of dacht,
Drukte, verward werd
(Met uw onaardse schoonheid beladen)
Gij - en het niets van een naam.*

IX.

De hartstochtelijke geest die gekend heeft,
En diep voelde de stille toon
Van zijn eigen zelfoverheersing, —
(Ik spreek zo openlijk tot u,
Het zou dwaasheid zijn om nu een gedachte te versluieren
Waarmee deze pijnlijke, [[sic]] borst beladen is)
De ziel die haar aangeboren recht voelt -
Het mystieke rijk en de grote macht
Giv'n door de energetische macht
Van Genius, op zijn geboorte-uur;
Die weet [geloof me op dit moment,
Toen de leugen een tienvoudige misdaad was,
Er is een kracht in de hoge geest
Om het lot te kennen dat het zal erven]
De ziel, die zo'n kracht kent, zal nog steeds
Vind Trots de heerser van zijn wil.

Ja! Ik was trots - en u die weet
De magie van dat betekeniswoord,
Zo vaak pervers, zal geven
Uw minachting misschien, wanneer gij hebt gehoord
Dat de trotse geest was gebroken,
Het trotse hart barstte uit elkaar in doodsangst
Bij één verwijtend woord of teken
Van haar de afgoderij van dat hart -
Ik was eerzuchtig – hebt gij het geweten
Zijn vurige passie? — gij hebt niet —
Een huisjesmelker, ik markeerde een troon
Van de halve wereld, als de mijne,
En murmureerde over zo'n nederig lot!

Maar het was aan me voorbijgegaan als een droom
Die, van lichte stap, vliegt met de dauw,
Die aanstekelijke gedachte - deed de straal niet
Of Beauty, die het er wel doorheen loodste
De livelong zomerdag, beklemming
Mijn geest met dubbele lieflijkheid -

X.

We liepen samen op de kruin
Van een hoge berg, die naar beneden keek
Ver weg van zijn trotse natuurlijke torens
Van rots en bos, op de heuvels -
De geslonken heuvels, vanwaar te midden van prieeltjes
Haar eigen schone hand had zich omgedraaid,
Gutste schreeuwend duizend rillen,
Die als het ware, in sprookjesachtige gebonden
Omhelsde twee gehuchten - die van ons waren -
Vredig gelukkig - maar toch alleen -
Ik sprak met haar over macht en trots -
Maar mystiek, in zo'n gedaante,
Opdat zij het als niets anders zou beschouwen dan
Het moment is omgekeerd, in haar ogen
Ik las [misschien te slordig]
Een vermengd gevoel met het mijne;
De blos op haar heldere wang, voor mij,
Het leek erop dat het een koninginnetroon zou worden
Te goed, dat ik het zou laten zijn
Een licht in de donkere wildernis, alleen.

XI.

Daar – in dat uur – kwam er een gedachte op
Mijn geest, het had het niet eerder geweten -
Om haar te verlaten toen we allebei jong waren, -
Om mijn hoge lot te volgen onder
De strijd van naties, en verlossing
De ijdele woorden, die als een droom
Nu klonk het in haar achteloos oor:
Ik twijfelde niet – ik kende geen angst
Van gevaar in mijn wilde carrière;
Om een rijk te verwerven en neer te werpen
Als bruidsschat - de kroon van een koningin
Het enige gevoel dat mogelijk is,
Met haar eigen beeltenis, mijn lieve borst -
Wie, die de geheime gedachte had gekend
Van de boezem van een jonge boer dan,
Had hem in medelijden ook maar iets geacht.
Maar één, die de fantasie had geleid
Afdwalen van de rede — Onder de mensen
Ambitie wordt vastgeketend - noch gevoed
[Zoals in de woestijn, waar de grote,
Het wilde, het schone, spannen samen
Met hun eigen adem om het vuur aan te wakkeren]
Met gedachten kan zo'n gevoel bevelen;
Niet gecontroleerd door sarcasme en minachting
Van hen, die nauwelijks zwanger zullen worden
Dat een ieder "groot" zou worden, geboren
In hun eigen sfeer - zullen niet geloven
Dat zij zich in het leven zullen verlagen tot één
Die ze dagelijks plegen te zien
Vertrouwd - wie de zon van het fortuin is
Heeft niemand verblindend geschenen
Nederig - en van hun eigen graad -

XII.

Ik stelde het me voor aan het oog van mijn fantasie
Haar stille, diepe verbazing,
Toen, een paar vluchtige jaren voorbij,
(Voor kortstond, de tijd dat mijn hoge hoop vasteend
Naar zijn meest wanhopige bedoeling,)
Ze zou zich in hem kunnen herinneren, die Roem
Had verguld met de naam van een veroveraar,
(Met glorie - zoals zou kunnen inspireren
Noodgedwongen, een voorbijgaande gedachte van één,
Die zij in zijn eigen vuur had geacht
Verdord en gestraald; Wie was er heengegaan?
Een verrader, een schender van de waarheid
Zo benarde situatie in zijn vroege jeugd,)
Haar eigen Alexis, die in de benardesituatie zou moeten verkeren
De liefde die hij toen beging - opnieuw,
En verhef de vreugde van zijn kindsheid,
  De bruid en koningin van Tamerlane -

XIII.

Een middag van een heldere zomerdag
Ik ging voorbij van de gematteerde strik
Waar in een diepe, stille slaap lag
Mijn Ada. In dat vredige uur,
Een stille blik was mijn afscheid.
Ik had geen andere troost – toen
Maak haar wakker, en een leugen vertellen
Van een geveinsde reis, waren weer
Om te vertrouwen op de zwakheid van mijn hart
Aan haar zachte, opwindende stem: Aan het afscheid
Zo droomde ze misschien in haar slaap
Van lang genot, nog niet had geacht.
Wakker, dat ik een gedachte had vastgehouden
Van afscheid, waren met waanzin beladen;
Ik kende het hart van de vrouw niet, helaas!
Gij bemind, en liefhebbend — laat het voorbijgaan. —

XIV.

Ik ging van uit de gematteerde boog,
En haastte me als een bezetene op mijn weg:
En voelde, met elk vlieguur,
Dat verveelde me van huis, meer homo;
Er is van de aarde een kwelling
Wat, ideaal, nog steeds kan zijn
De ergste ziekte van de sterfelijkheid,
't Is gelukzaligheid, in zijn eigen werkelijkheid,
Te echt, voor zijn borst die leeft
Niet in zichzelf, maar geeft
Een deel van zijn gewillige ziel
Aan God, en aan het grote geheel -
Aan hem, wiens liefhebbende geest zal wonen
Met de natuur, op haar wilde paden; vertellen
Van haar wonderbaarlijke wegen, en vertellende zegen
Haar overpow'ring lieflijkheid!
Een meer dan kwelling voor hem
Wiens falend zicht zwak zal worden
Met zijn eigen levende blik op
Die lieflijkheid rondom: de zon -
De blauwe lucht - het mistige licht
Van de bleke wolk daarin, waarvan de tint
Is genade voor zijn zware bed van blauw;
Schemerig! tho 'op zoek naar alle heldere!
O God! wanneer de gedachten die misschien niet voorbijgaan
Zal op hem losbarsten, en helaas!
Voor de vlucht op aarde naar Fancy giv'n,
Er zijn geen woorden —— tenzij van Heav'n.

XV.

Kijk nu om je heen op Samarcand,
Is zij niet de koningin van de aarde? haar trots
Vooral steden? in haar hand
    Hun lot? met alles ernaast
Van heerlijkheid, die de wereld heeft gekend?
Staat ze er niet trots en alleen voor?
    En wie haar sov'reign? Timur hij
Die de verbaasde aarde heeft gezien,
Met de overwinning, op de overwinning,
Verdubbeling van de leeftijd! en meer, ik ween,
    De nog steeds echoënde roem van de Zinghis.
En wat heeft hij nu? wat! een naam.
Het geluid van feestvreugde 's nachts
Komt naar me toe, met de gemengde stem
Van velen met een borst zo licht,
Alsof het niet het stervensuur was
Van één, in wie zij zich verheugden,
Als in een leider, misschien - Macht
Zijn gif geeft het stiekem door;
Ik heb niets met menselijke harten.

XVI.

Toen het lot me voor haar eigen merkte,
En mijn trotse hoop had een troon bereikt
[Het helpt me niet, beste broeder, om het te vertellen
Een verhaal dat de wereld maar goed kent,
Hoe door welke verborgen daden van macht,
Ik klauterde naar de wankele hoogte,]
Ik was nog jong; en nou ik ween
Mijn geest wat het geweest was.
Mijn ogen waren nog steeds gericht op pracht en praal,
Mijn wilde hart was ver weg,
In valleien van de wilde Taglay,
In mijn eigen Ada's gematteerde strik.
Ik woonde niet lang in Samarcand
Ere, in de nederige gedaante van een boer,
Ik zocht mijn lang verlaten land,
Tegen zonsondergang rezen de bergen op
In schemerige grootsheid in mijn ogen:
Maar terwijl ik onderweg ronddwaalde
Mijn hart zonk door de zonnestraal.
Aan hem, die nog zou staren naar hem
De glorie van de zomerzon,
Daar komt, wanneer die zon van hem zal scheiden,
Een sombere hopeloosheid van het hart.
Die ziel zal de ev'ning mist haten
Zo vaak mooi, en zal lispelen [[lijst]]
Naar het geluid van de komende duisternis [bekend
Aan hen wier geesten als één klinken
Wie zou in een droom van de nacht vliegen
Maar kan niet van een gevaar nabij.
Wat als de maan - de zilverachtige maan

Schitter op zijn pad, in haar hoogmiddag;
Haar glimlach is kil en haar straal
In die tijd van somberheid zal verschijnen
Als het portret van iemand na de dood;
Een gelijkenis genomen wanneer de adem
Van het jonge leven, en het vuur van het oog
Was er de laatste tijd geweest, maar was voorbijgegaan.
Het is dus wanneer de heerlijke zomerzon
Van onze jongensjaren af heeft zijn loopbaan als volgt geduurd:
Want alles wat we leven om te weten - is gekend;
En alles wat we proberen te behouden - is gevlogen;
Met de schoonheid van de middag, dat is alles.
Laat dan het leven, als de dagstroomer, vallen -
De tranciente, gepassioneerde dag-flow'r,
Verdorren op het eerste uur.

XVII.

Ik heb mijn huis bereikt - mijn thuis niet meer -
Want alles was gevlogen dat het zo maakte -
Ik ging voorbij van de bemoste deur,
In ledige ledigheid van ellende.
Daar ontmoette me op zijn drempelsteen
Een bergjager, had ik gekend
In mijn kindertijd, maar hij kende me niet.
Iets wat hij sprak over het oude ledikant:
Het had betere tijden gekend, zei hij;
Er rees eens een fontein op, en daar
Vol hief menig eerlijke stroom zijn kop op:
Maar zij die ze grootbracht, was al lang dood,
En aan zulke dwaasheden hadden zij geen deel,
Wat bleef er nu nog van me over? wanhoop —
Een koninkrijk voor een gebroken hart.

TOT — —

Ik zag je op de bruidsdag;
Toen er een brandende blos over je kwam,
Het geluk om je heen lag
De wereld heeft alle liefde voor u uit.

En, in uw oog, het ontbrandende licht
Van jonge passie vrij
Was alles op aarde, mijn geketende gezicht
Van Lieflijkheid zou kunnen zien.

Die blos, ween ik, was een schande:
Als zodanig kan het goed slagen:
Al heeft zijn gloed een fellere vlam doen opwaaien
In zijn borst, helaas!

Wie zag de [[u]] op die bruidsdag,
Toen die diepe blos over je heen zou komen, -
Tho' Geluk om je heen lag;
De wereld heeft alle liefde voor u. —

DROMEN.

Oh! dat mijn jonge leven een blijvende droom was!
Mijn geest ontwaakt niet, tot de straal
Van een eeuwigheid zou de dag van morgen moeten brengen.
Ja! Die lange droom was van hopeloos verdriet.
't Was beter dan de koude realiteit
Van het wakende leven, voor hem wiens hart moet zijn,
En is stil geweest, op de lieflijke aarde,
Een chaos van diepe passie, vanaf zijn geboorte.
Maar zou het zo moeten zijn - die droom voor eeuwig
Doorgaan - zoals dromen voor mij zijn geweest
In mijn jonge jongensjaren – mocht het zo gegeven worden
Het zou nog steeds dwaasheid zijn om op een hogere zwaarte te
hopen.
Want ik heb gezweld toen de zon helder was
In de zomerlucht, in dromen van levend licht.
En lieflijkheid, - hebben mijn hele hart verlaten
Hellingen van mijn verbeelding [[In het klimaat van mijn
verbeeldingen]] uit elkaar
Vanuit mijn eigen huis, met wezens die geweest zijn
Van mijn eigen gedachte – wat had ik nog meer kunnen zien?
't Was eens - en slechts één keer - en het wilde uur
Uit mijn herinnering zal niet voorbijgaan - een of andere
krijgsgevangene
Of de betovering had me gebonden - 't was de kille wind
Kwam bij mij in de nacht en liet achter
Zijn beeld op mijn geest - of de maan
Scheen op mijn sluimering in haar verheven middag [pagina 27:]

Te koud - of de sterren - hoe het ook was
Die droom was als die nachtwind – laat hem voorbijgaan.
Ik ben gelukkig geweest, in een droom.
Ik ben gelukkig geweest - en ik hou van het thema:
Dromen! in hun levendige kleuren van het leven
Zoals in die vluchtige, schimmige, mistige strijd
Van schijn met de werkelijkheid die
Voor het uitzinnige oog, meer mooie dingen
Van het Paradijs en de Liefde – en helemaal van ons!
Dan heeft de jonge Hope in zijn zonnigste uur gekend.

BEZOEK VAN DE DODEN.

Uw ziel zal zichzelf alleen vinden -
Alleen van allemaal op aarde - onbekend
De oorzaak - maar niemand is in de buurt om te wrikken
In uw uur van geheimhouding.
Zwijg in die eenzaamheid,
En dat is geen eenzaamheid – want dan
De geesten van de doden, die stonden
In het leven dat voor u ligt, zijn weer
In de dood om u heen, en hun wil
Zal u dan overschaduwen - stil zijn
Want de nacht, die helder is, zal de wenkbrauwen fronsen: [pagina 28:]
En de sterren zullen niet naar beneden kijken
Van hun tronen, in de donkere deining;
Met licht als hoop voor stervelingen giv'n,
Maar hun rode bollen, zonder straal,
Aan uw verdorrende hart zal schijnen
Als een brandend en vurig [[koorts]]
Die voor altijd aan je zou blijven kleven.
Maar het zal je verlaten, zoals elke ster
In het ochtendlicht in de verte
Zal u vliegen - en verdwijnen:
- Maar zijn gedachte kun je niet uitbannen.
De adem van God zal stil zijn;
En de wens [[mist of sliert]] op de heuvel
Door die zomerbries ongebroken
Zal u betoveren - als een teken,
En een symbool dat zal worden

Geheimhouding in u.

AVONDSTER.

Het was middag van de zomer,
En midden in de nacht;
En sterren, in hun banen,
Scheen bleek, door het licht
Van de helderdere, koude maan, [pagina 29:]
'Midden planeten haar slaven,
Zichzelf in de hemel,
Haar straal op de golven.
Ik staarde een tijdje
Op haar koude glimlach;
Te koud — te koud voor mij —
Daar ging voorbij, als een lijkwade,
Een wollige wolk,
En ik wend me tot u af
Trotse Avondster,
In uw heerlijkheid in de verte,
En dierbaarder zal uw straal zijn;
Voor vreugde naar mijn hart
Is het trotse deel
Gij draagt in Heav'n 's nachts,
En meer dat ik bewonder
Uw verre vuur,
Dan dat koudere, nederige licht.

IMITATIE.

Een donker, ondoorgrondelijk getij
Van eindeloze trots -
Een mysterie en een droom,
Mocht mijn vroege leven lijken; [pagina 30:]
Ik zeg dat die droom beladen was
Met een wilde, wakende gedachte
Van wezens die geweest zijn,
Die mijn geest niet heeft gezien, [[.]]
Had ik ze aan me voorbij laten gaan,
Met een dromend oog!
Laat niemand van de aarde beërven
Dat visioen op mijn geest;
Die gedachten zou ik bestrijden [[controle]],
Als een betovering van zijn ziel:
Eindelijk voor die stralende hoop
En die lichttijd is voorbij,
En mijn wereldse rust is verdwenen
Met een blik [[zucht]] terwijl het voorbijging,
Het kan me niet schelen dat het vergaat
Met een gedachte die ik toen wel koesterde, [[.]]

[[Stanza's]]

Hoe vaak vergeten we alle tijd, als we alleen zijn
Het bewonderen van de universele troon van de natuur;
Haar bossen - haar wildernis - haar bergen - de intense
Antwoord van HAAR op ONZE intelligentie!

1.
In mijn jeugd heb ik iemand gekend met wie de aarde
In geheime gemeenschap gehouden - zoals hij ermee,
In daglicht, en in schoonheid vanaf zijn geboorte:
Wiens vurige, flick'ring fakkel van het leven werd aangestoken
Uit de zon en de sterren, waaruit hij was voortgekomen
Een hartstochtelijk licht, zo goed als zijn geest, was geschikt -
En toch wist die geest – niet [[wist niet —]] in het uur
Van zijn eigen ijver – wat had hij nog macht.

2.
Misschien is het misschien dat mijn geest is gewrocht
Aan een ferver [[koorts]] door de maanstraal die eroverheen hangt,
Maar ik zal half geloven dat wild licht beladen
Met meer soevereiniteit dan oude overlevering
Heeft het ooit verteld - of is het van een gedachte
De onstoffelijke essentie, en niet meer
Dat ons met een snelle betovering voorbijgaat
Als dauw van de nacht, o'er het zomergras.

3.
Gaat ons voorbij, wanneer, als het zich uitbreidende oog
Naar het geliefde object - zo de scheur naar het deksel
Zal beginnen, die de laatste tijd in apathie sliep?
En toch hoeft het niet zo te zijn - (dat object) verborgen
Van ons in het leven — maar gewoon — die ligt
Elk uur voor ons - maar dan alleen bieden
Met een vreemd geluid, als van een gebroken harpsnaar
T' maak ons wakker - Het is een symbool en een teken. [[,]]

4.
Van wat in andere werelden zal zijn - en geven
In schoonheid door onze God, voor hen alleen [
Die anders uit het leven zou vallen en zou Heav'n
Aangetrokken door de passie van hun hart, en die toon,
Die hoge toon van de geest die heeft gestreefd
Gij niet met het geloof, met de godsvrucht, wiens troon
Met verachtelijke energie is 't neergeslagen;
Met zijn eigen diepe gevoel als kroon.

[[Een droom]]

Een wilder wezen vanaf mijn geboorte
Mijn geest spuugde de controle uit,
Maar nu, in het buitenland op de wijde aarde,
Waar rust je mijn ziel?

In visioenen van de donkere nacht
Ik heb gedroomd van vreugde, vertrokken -
Maar een wakende droom van leven en licht
Heeft mij met een gebroken hart achtergelaten.

En wat is overdag geen droom
Aan hem wiens ogen zijn geworpen
Op dingen om hem heen met een straal
Terugkeren naar het verleden?

Die heilige droom - die heilige droom,
Terwijl de hele wereld aan het fluiten was,
Heeft mij toegejuicht als een lieflijke straal
Een eenzame geest die leidt -

Wat doe je dat voor licht, voor de mistige nacht
Zo vaag scheen in de verte -
Wat kan er meer puur helder zijn
In de tijd van de waarheid – ster?

[[De gelukkigste dag]]

De gelukkigste dag - het gelukkigste uur
Mijn verschroeid en verwoest hart heeft het geweten,
De hoogste hoop op trots en macht,
Ik voel me gevlogen.

Van kracht! zei ik? ja! zo'n ik ween
Maar ze zijn al lang verdwenen, helaas!
De visioenen van mijn jeugd waren:
Maar laat ze passeren.

En, trots, wat heb ik nu met u?
Een andere wenkbrauw kan ev'n erven
Het gif dat je over me hebt uitgestort -
Wees stil mijn geest.

De gelukkigste dag - het gelukkigste uur
Mijn ogen zullen zien - ooit hebben gezien
De helderste blik van trots en macht
Ik voel — ben geweest:

Maar was die hoop op trots en macht
Nu aangeboden, met de pijn
Ev'n toen voelde ik - dat helderste uur
Ik zou niet meer leven:

Want op zijn vleugel was een donkere legering
En terwijl het fladderde - viel [pagina 34:]
Een essentie - krachtig om te vernietigen
Een ziel die het goed kende.

HET MEER

In de lente van de jeugd was het mijn lot
Om te spoken van de wijde aarde een plek
Datgene waar ik niet minder van kon houden;
Zo heerlijk was de eenzaamheid
Van een wild meer, met zwarte rots gebonden.
En de hoge dennen die eromheen torenden.
Maar toen de nacht haar smet had geworpen
Op die plek - zoals op alles,
En de wind zou aan me voorbij gaan
In zijn stille melodie,
Mijn kinderlijke geest zou ontwaken
Tot schrik van het eenzame meer.
Maar die schrik was geen schrik —
Maar een bevende verrukking,
En een onbestemd gevoel,
Voortkomend uit een verduisterde geest.
De dood was in die vergiftigde golf
En in zijn kloof een passend graf
Voor hem die daaruit troost kon brengen
Naar zijn duistere verbeelding;
Wiens wilde gedachte zelfs zou kunnen maken
Een Eden van dat schemerige meer.

AL AARAAF,

TAMERLANE,

AND

MINOR POEMS.

BY EDGAR A. POE.

BALTIMORE:
HATCH & DUNNING.

1829.

AL AARAAF,

TAMERLANE,

EN

KLEINE GEDICHTEN.

DOOR EDGAR A. POE.

BALTIMORE:

HATCH & AANMANINGEN.

1829.

Inhoudsopgave

AL AARAAF.

[Sonnet - Aan de wetenschap]
Al Aaraaf - Deel I
Al Aaraaf - Deel II

TAMERLANE.

[Inleidend materiaal]
Tamerlane

DIVERSE GEDICHTEN.

[Inleidend materiaal]
Inleiding[Romantiek]
1. Aan ——["Moet mijn vroege leven lijken..."]
2. Naar ——[Lied]
3. Naar ——["De prieeltjes wheareat, in dromen, zie ik..." (Naar Elmira?)]
4. Naar de rivier ——
5. Het meer — Naar —[Het meer]
6. Geesten van de doden
7. Een droom
8. Naar M——
9. Sprookjesland

[Sonnet - Aan de wetenschap]

WETENSCHAP! ontmoet dochter van de oude tijd, gij zijt
Die alle dingen verandert met uw turende ogen!
Waarom jaagt gij zo op het hart van de dichter,
Gier! wier vleugels doffe werkelijkheden zijn!
Hoe zou hij u liefhebben – of hoe zou hij u wijs achten
Wie zou hem niet verlaten, op zijn zwerftocht,
Om een schat te zoeken in de juwelenlucht
Hoewel, hij zweeft met een onverschrokken vleugel?
Heb je Diana niet uit haar auto gesleept?
En drijf de Hamadryad uit het bos
Om een schuilplaats te zoeken in een gelukkiger ster?
De zachte Najade uit haar fontein?
De elf uit het groene gras? En van mij
De zomerdroom onder de struiken?

AL AARAAF.

Deel I.

O! NIETS aards behalve de straal
[Teruggeworpen van bloemen] van het oog van de Schoonheid,
Zoals in die tuinen waar de dag
Bronnen van de juweeltjes van Circassy —
O! Niets aards behalve de sensatie
Van melodie in bosrijke rill —
Of [muziek van de hartstochtelijke]
Joy's stem ging zo vredig weg
Dat als het geruis in de schelp,
Zijn echo woont en zal wonen -
Met niets van het schuim van ons -
Maar al het moois - alle bloemen
Die onze Liefde opsommen, en onze prieeltjes dekken
Sier de wereld verre, veraf -
De zwervende ster —

't Was een zoete tijd voor Nesace - want daar
Haar wereld lag te hangen in de gouden lucht,
In de buurt van vier heldere zonnen - een tijdelijke rust -
Een tuinplek in de woestijn van de gezegenden.

Weg — weg — midden [['mid]] zeeën van roggen die rollen
Empyreïsche pracht van de ontketende ziel -
De ziel die schaars is [de golven zijn zo dicht]
Kan worstelen tot zijn voorbestemde verhevenheid -
Naar verre sferen, van tijd tot tijd, reed ze,
En laat bij ons, de begunstigde van God -
Maar nu, de heerser van een verankerd rijk,
Ze werpt de scepter opzij - verlaat het roer,
En, te midden van wierook en hoge geestelijke hymnen,
Laves in viervoudig licht haar engelenledematen.

Nu het gelukkigst, het liefst, op jullie mooie aarde,
Waaruit het 'idee van schoonheid' ontstond.
[Vallend in kransen door menig geschrokken ster,
Als vrouwenhaar midden in parels, totdat, in de verte,
Het schoot op de heuvels Archaïsch, en daar woonde]
Ze keek in de oneindigheid – en knielde.
Rijke wolken, als baldakijnen, om haar heen gekruld -
Passende emblemen van het model van haar wereld —

Gezien maar in schoonheid - het zicht niet belemmerend
Van andere schoonheid die glinstert door het licht -
Een krans die elke sterrenvorm omkronkelde,
En al de opaallucht in kleur gebonden.

Haastig knielde ze neer op een bed
Van bloemen: van lelies zoals achterhoofd
*Op de kermis Capo Deucato, en sprong
Zo gretig rondlopen op het punt om op te hangen
Op de vliegende voetstappen van —— diepe trots —
†Van haar die een sterveling liefhad - en zo stierf -
De Sefhalica, ontluikend met jonge bijen,
Zijn paarse steel om haar knieën -
‡En edelsteenbloem, van Trebizonde verkeerd genoemd -
Gevangene van de hoogste sterren, waar het vroeger schijnde
Alle andere lieflijkheid: zijn gezoete dauw
[De legendarische nectar die de heidenen kenden]
Uitzinnig zoet, werd uit de hemel gedropt,
En viel op de tuinen van de onvergeeflijke
In Trebizonde — en op een zonnige bloem
Dus als zijn eigen daarboven, tot op dit uur, [pagina 16:]

---

*Op Santa Maura — olim Deucadia.
†Sappho.
‡Deze bloem wordt veel opgemerkt door Lewehoeck en Tournefort. De bij, die zich voedt met zijn bloesem, raakt bedwelmd.

Het blijft nog steeds de bij kwellen
Met waanzin en ongewone mijmering -
In de hemel, en al zijn omringen, het blad
En bloesem van de feeënplant, in verdriet
Troosteloos vertoeven - verdriet dat haar hoofd laat hangen,
Berouwvolle dwaasheden die al lang gevlucht zijn,
Haar witte borst deinend in de zwoele lucht
Als schuldige schoonheid, getuchtigd, en eerlijker -
Nyctanthes ook, zo heilig als het licht
Ze is bang om te parfumeren, de nacht te parfumeren -
*En Clytia peinzend tussen menige zon,
Terwijl kleine tranen langs haar bloemblaadjes lopen -
†En die aspirant-bloem die op aarde sprong -
En stierf, voordat nauwelijks verheven tot geboorte,
Zijn geurig hart in geest tot vleugel barstend
Zijn weg naar de hemel, vanuit de tuin van een koning -

---

*Clytia – De Chrysanthemum Peruvianum, of, om een bekender term te gebruiken – de turnsol die zich voortdurend naar de zon wendt, bedekt zich, evenals Peru, het land waar hij vandaan komt, met bedauwde wolken die zijn bloemen koelen en verfrissen tijdens de hevigste hitte van de dag. — B. de. St. Pierre.

†In de tuin van de koning te Parijs wordt een soort van slangachtige aloë zonder stekels gekweekt, waarvan de grote en mooie bloem een sterke geur van vanille uitademt, gedurende de tijd van haar expansie, die zeer kort is – ze waait pas tegen de maand juli – je ziet dan dat ze geleidelijk haar bloemblaadjes opent – ze uitbreidt – vervaagt en sterft. — Sint Pierre.

* *En de Valisneriaanse lotus vloog daarheen*
Van het worstelen met het water van de Rhône -
†*En je mooiste paarse parfum, Zante!*
Ik sola d'oro! — Fior di Levante! —
‡*En de Nelumbo-knop die voor altijd drijft*
Met Indiase Cupido langs de heilige rivier -
Eerlijke bloemen, en fee! aan wie de zorg wordt verleend
§*Om het lied van de Godin, in geuren, naar de hemel te dragen -*

"*Geest! die het meest woont waar,*
In de diepe lucht,
De verschrikkelijke en eerlijke,
In schoonheid vie!
Voorbij de blauwe lijn —
De grens van de ster
Die zich omdraait bij het uitzicht
Van uw barrière en uw grendel -
Van de overwonnen barrière

**In de Rhône wordt een prachtige lelie van de Valisneriaanse soort gevonden. Zijn stengel zal zich uitstrekken tot een lengte van drie of vier voet - waardoor zijn hoofd boven water blijft in de zwelling van de rivier.*
†*De Hyacint.*
‡*Het is een fictie van de Indianen, dat Cupido voor het eerst werd gezien drijvend in een van deze langs de rivier de Ganges - en dat hij nog steeds houdt van de wieg van zijn jeugd.*
§*En gouden flesjes vol geuren, dat zijn de gebeden van de heiligen. — Ds. St. John.*

Door de kometen die werden gegoten
Van hun trots, en van hun troon
Om te zwoegen tot het laatst -
Om dragers van vuur te zijn
[Het rode vuur van hun hart]
Met een snelheid die misschien niet moe wordt
En met pijn die niet zal scheiden -
Wie leeft – dat weten we –
In de eeuwigheid – voelen we –
Maar de schaduw van wiens voorhoofd
Welke geest zal zich openbaren?
Gij de wezens die uw Nesteel zijn,
Uw boodschapper heeft het geweten
Heb gedroomd voor je oneindigheid
*Een model op zich —[pagina 19:]

---

*De humanitairen waren van mening dat God moest worden opgevat als iemand die werkelijk een menselijke vorm had. — Zie Clarke's Sermons, vol. 1, pagina 26, fol. edit.
De strekking van Miltons betoog brengt hem ertoe taal te gebruiken die op het eerste gezicht lijkt te grenzen aan hun leer; Maar het zal onmiddellijk duidelijk worden, dat hij zich hoedt voor de beschuldiging dat hij een van de meest onwetende dwalingen van de donkere eeuwen van de kerk heeft aangenomen. — Dr. Sumner's aantekeningen over Milton's christelijke leer.
Deze mening kan, ondanks vele getuigenissen van het tegendeel, nooit erg algemeen zijn geweest. Andeus, een Syriër uit Messopotamië, werd voor zijn mening als ketters veroordeeld. Hij leefde in het begin van de 4e eeuw. Zijn discipelen werden Antropmorfieten genoemd. — Vide du pin.
Onder de gedichten van Milton zijn deze regels:
Dicite sacrorum præsides nemorum Deæ, &c.
Quis ille primus cujus ex imagine
Natura solers finxit humanum geslacht?
Eternus, incorruptus, æquævus polo
Unusque et universus exemplar Dei. — En daarna,
Non cui profundum Cæcitas lumen dedit
Dircæus augur vidit hunc alto sinu, &c.

Uw wil geschiede, O! God!
De ster heeft hoog gereden
Thro' menige storm, maar ze reed
Onder je brandende oog
En hier, in gedachten, tot u -
In gedachten die alleen kunnen
Beklim uw rijk en zo zij
Een deelgenoot van uw troon
*Door gevleugelde Fantasie,
Mijn ambassade is gegeven
Tot geheimhouding zal de kennis zijn
In de omgeving van de Hemel."

Ze hield op - en begroef toen haar brandende wang
Abash'd, te midden van de lelies daar, om te zoeken
Een beschutting tegen de vurigheid van zijn oog
Want de sterren beefden voor de Godheid.

---

*Seltsamen Tochter Jovis
Seinem Schosskinde
Der Phantasie. — Goethe.

Ze roerde zich niet, ademde niet, want er was een stem
Hoe plechtig doordringt de kalme lucht
Een geluid van stilte op het geschrokken oor
Welke dromerige dichters 'de muziek van de sfeer' noemen.
Onze wereld is een wereld van woorden: Stil noemen we
"Stilte" – dat is het allerste woord –
Hier spreekt de natuur, en ev'n ideale dingen
Flap schimmige geluiden van visionaire vleugels -
Maar ach! Niet zo wanneer men zich dus in de Rijken van den
Hoge bevindt
De eeuwige stem van God gaat voorbij,
En de rode winden verdorren in de lucht!
*"Wat tho' in werelden die zichtloze cycli lopen
Gekoppeld aan een klein systeem, en één zon
Waar al mijn liefde dwaasheid is en de menigte
Denk nog steeds aan mijn verschrikkingen, maar de donderwolk
De storm, de aardbeving en de toorn van de oceaan -
[Ah! zullen ze me kruisen op mijn boze pad?]
Wat doe je in werelden die een enkele zon bezitten
Het zand van de Tijd wordt zwakker terwijl het loopt
Maar van U is mijn luister, zo gegeven
Om mijn geheimen door de hogere hemel te dragen:
Verlaat uw fysieke woning zonder huurder en vlieg,

---

*Zichtloos - te klein om gezien te worden. — Legge.

Met heel uw sleep, dwars door de maanhemel -
*Apart - als vuurvliegjes in de Siciliaanse nacht,
En vleugel naar andere werelden een ander licht;
Onthul de geheimen van uw gezantschap
Aan de trotse bollen die fonkelen - en zo zijn
Voor elk hart een barrière en een verbod
Opdat de sterren niet wankelen in de schuld van de mens."

Omhoog rees het meisje op in de gele nacht,
De vooravond met één maan! op aarde benarde we
Ons geloof aan één liefde - en één maan aanbidt -
De geboorteplaats van de jonge Belle had er niet meer.
Toen sprong die gele ster uit sombere uren
Omhoog rees het meisje op uit haar heiligdom van bloemen,
En gebogen over glanzende berg en schemerige vlakte
†Haar weg, maar haar Therasaeïsche regering nog niet verlaten.

Ik heb vaak een eigenaardige beweging van de vuurvlieg opgemerkt – ze zullen zich in een lichaam verzamelen en wegvliegen, vanuit een gemeenschappelijk centrum in ontelbare stralen.
†Therasaea, of Therasea, het eiland dat door Seneca werd genoemd en dat in een oogwenk uit de zee oprees voor de ogen van verbaasde zeelieden.

AL AARAAF.

Deel II.

HOOG op een berg geëmailleerd hoofd -
Zoals de slaperige herder op zijn bed
Van reusachtige weide die op zijn gemak ligt,
Hij heft zijn zware ooglid op, begint en ziet
Met menig gemompeld "hoop op vergeving"
Hoe laat de maan aan de hemel viermaal staat -
Van rozig hoofd dat, ver weg torent
In de zonovergoten ether, ving de straal op
Van verzonken zonnen aan de vooravond - op het middaguur van
de nacht,
Terwijl de maan danste met het schone vreemdelingslicht -
Achterop zo'n hoogte verrees een stapel
Van prachtige zuilen in de onuitputtelijke lucht,
Flitsend uit Parisch marmer die dubbele glimlach
Ver beneden op de golf die daar schitterde,
En zoogde de jonge berg in zijn hol:
*Van gesmolten sterren hun bestrating, zoals de herfst
Thro' de ebon lucht, verzilverend de pall

---

*Een ster die, vanaf het verwoeste dak
Van de geschudde Olympus, bij toeval, viel - Milton.

Van hun eigen ontbinding, terwijl ze sterven -
Sieren dan de woningen van de hemel:
Een koepel, door verbonden licht van de Hemel neergelaten,
Zat zachtjes op deze zuilen als een kroon -
Een raam van een cirkelvormige diamant, daar,
Kijk naar boven in de paarse lucht,
En stralen van God schoten die meteoorketen neer
En al het moois nog twee keer verheerlijkt,
Bewaar wanneer, tussen de Empyrean en die ring,
Een gretige geest fladderde met zijn schemerige vleugel:
Maar op de pilaren hebben Serapijnen ogen gezien
De schemering van deze wereld: dat grijsgroen
Dat de natuur het beste houdt van het graf van de schoonheid
Schuil in elke kroonlijst, rond elke architraaf -
En elke sculptur'd cherubijn daaromheen
Die zich vanuit zijn marmeren woning waagde
Scheen aards in het ondiepe van zijn nis -
Archaïsche beelden in een wereld die zo rijk is?
*Friezen van Tadmor en Persepolis —
Van Balbec, en de stil, heldere afgrond

---

*Voltaire zegt over Persepolis: "Je conmois bien l'admiration qu'inspirent ces ruines — mais un palais erige au pied du'ne chaine des rochers sterils — peut il être un chef doevure des arts!" – Voila les arguments de M. Voltaire.

      * *Van het prachtige Gomorra! O! De golf*
      Het is nu voor u, maar te laat om te redden! —

Geluid houdt ervan om te zwelgen in de buurt van een zomernacht:
    Wees getuige van het geruis van de grijze schemering
      †Die stal op het oor, in Eyraco,
   Van menig wilde sterrenkijker lang geleden -
     Die altijd aan het oor van hem steelt
    Die, mijmerend, staart naar de vage verte,
En ziet de duisternis aankomen als een wolk -
‡Is zijn vorm – zijn stem – niet het meest tastbaar en luid?

   Maar wat is dit? — het komt — en het brengt
Een muziek erbij - het is het ruisen van vleugels -
Een pauze - en dan een vegende, dalende spanning
    En Nesace is weer in haar zalen:

---

†[[*]] "Oh! de golf" — Ula Deguisi is de Turkse benaming; maar aan zijn eigen oevers wordt het Bahar Loth of Almotanah genoemd. Er waren ongetwijfeld meer dan twee steden ingeklemd in de "dode zee". In het dal van Siddim waren er vijf: Adrah, Zeboin, Zoar, Sodom en Gomorra. Stefanus van Byzantium noemt er acht, en Strabo dertien, (verzwolgen) – maar de laatste is buiten alle redelijkheid.

Er wordt gezegd dat [Tacitus, Strabo, Josephus, Daniël van St. Saba, Nau, Maundrell, Troilo, D'Arvieux] na een buitensporige droogte de overblijfselen van zuilen, muren, enz. boven het oppervlak worden gezien. In elk seizoen kunnen zulke overblijfselen worden ontdekt door naar beneden te kijken in het transparante meer, en op zulke afstanden dat het bestaan van vele nederzettingen in de ruimte die nu door de 'Asphaltieten' wordt toegeëigend, zou kunnen worden aangetoond.

†Eyraco — Chaldea.

‡Ik heb vaak gedacht dat ik het geluid van de duisternis duidelijk kon horen terwijl het over de horizon sloop.

Van de wilde energie van baldadige haast
Haar wang bloosde en haar lippen gingen uit elkaar;
En zone die zich om haar zachte taille klampte
Was gebarsten onder het deinen van haar hart:
In het midden van die zaal om te ademen
Ze pauzeerde en hijgde, Zanthe! alles daaronder —
Het sprookjesachtige licht dat haar gouden haar kuste
En verlangde naar rust, maar kon daar alleen maar schitteren!

*Jonge bloemen fluisterden in melodie
Op blije bloemen die nacht - en boom aan boom;
Fonteinen gutsten muziek terwijl ze vielen
In menig met sterren verlicht bos, of door de maan verlichte vallei;
Toch kwam er stilte over materiële dingen -
Schone bloemen, heldere watervallen en engelenvleugels -
En alleen geluid dat uit de geest voortkwam
Droeg burthen tot de charme zong het meisje.

" 'Onder blauwe bel of wimpel -
Of gekuifde wilde spray
Dat bewaart, voor de dromer,
†De maanstraal weg -

---

*Feeën gebruiken bloemen voor hun karakter. — Vrolijke vrouwen van Windsor.
[[William Shakespeare]]
†In de Schrift staat deze passage: "De zon zal u overdag geen kwaad doen, noch de maan 's nachts." Het is misschien niet algemeen bekend dat de maan in Egypte tot gevolg heeft dat ze blindheid veroorzaakt bij degenen die slapen met het gezicht blootgesteld aan haar stralen, op welke omstandigheid de passage duidelijk zinspeelt.

Heldere wezens! die mijmeren,
Met half gesloten ogen,
Op de sterren die je wonder
Heeft uit de hemel geteeken,
Tot ze door de schaduw heen kijken, en
Kom naar beneden naar je voorhoofd
Zoals —— ogen van het meisje
Wie doet er nu een beroep op je ...
Ontstaan! van je dromen
In violette prieeltjes,
Aan de plicht die betaamt
Deze door sterren verlichte uren —
En schud van je lokken
Beladen met dauw
De adem van die kussen
Dat hindert hen ook -
[O! hoe, zonder jou, Liefde!
Kunnen engelen gezegend zijn]?
Die kussen van ware liefde
Die u tot rust bracht.
Omhoog! — schud van je vleugel
Elk belemmerend ding:

De dauw van de nacht -
Het zou uw vlucht verzwaren;
En ware liefde streelt -
O! laat ze uit elkaar,
Ze zijn licht op de lokken,
Maar wacht even op het hart.

Ligeia! Ligeia!
Mijn mooie!
Wiens hardste idee
Wil om melodie te laten lopen,
O! Is het uw wil?
Op de wind om te gooien?
Of, nog grillig,
*Als de eenzame albatros,
Verplicht in de nacht
[Terwijl ze in de ether is]
Om met verrukking de wacht te houden
Op de harmonie daar?

Ligeia! waar
Uw beeld mag zijn

---

*Er wordt gezegd dat de Albatros op de vleugel slaapt.

Geen magie zal scheiden
Uw muziek van u:
Gij hebt vele ogen gebonden
In een dromerige slaap —
Maar de spanningen ontstaan nog steeds
Die uw waakzaamheid bewaart -
Het geluid van de regen
Die naar beneden springt naar de bloem,
En danst weer
In het ritme van de douche —
*Het geruis dat opwelt
Van het groeien van gras
Is de muziek van de dingen -
Maar zijn gemodelleerd, helaas! —
Weg, dan mijn liefste,
O! Hoi je weg
Naar de bronnen die het helderst liggen
Onder de maanstraal —

---

*Ik kwam op dit idee in een oud Engels verhaal, dat ik nu niet meer kan vinden en uit mijn hoofd kan citeren: "De ware essentie en, als het ware, springe-heade, en origine van alle muziek hij is de verie pleasaunte sounde die de bomen van het bos maken als ze groeien."

Naar eenzaam meer dat lacht,
In zijn droom van diepe rust,
Op de vele sterreneilanden
Die zijn borst juwelen -
Waar wilde bloemen, kruipende,
Hebben hun schaduw vermengd,
Aan de rand ervan is slapen
Vol menig meid -
Sommigen hebben de koele open plek verlaten, en
*Hebben geslapen met de bij -
Wek ze op, mijn meisje,
Op heidevelden en lea —
Gaan! adem in hun slaap,
Alles zacht in het oor,
Het muzikale nummer
Ze sluimerden om te horen -
Voor wat kan ontwaken
Een engel zo snel

---

*De wilde bij slaapt niet in de schaduw als er maanlicht is.

Het rijm in dit vers, zoals in een vers van ongeveer 60 regels eerder, heeft een schijn van aanstellerij. Het is echter geïmiteerd van Sir W. Scott, of liever van Claud Halcro – in wiens mond ik de uitwerking ervan bewonderde.

O! Was er een eiland,
Tho zo wild
Waar de vrouw zou kunnen glimlachen, en
Niemand laat zich verleiden, &c.

Wiens slaap is genomen
Onder de koude maan
Als de betovering die niet sluimert
Van tovenarij kan testen,
Het ritmische getal
Welke wiegde hem tot rust?"

Geesten in de vleugels, en engelen voor het gezicht,
Duizend serafs barsten uit de Empyrean-thro',
Jonge dromen zweven nog op hun slaperige vlucht -
Serafen in alles behalve 'Kennis', het scherpe licht
Die viel, brak, buiten uw grenzen, in de verte
O! Dood! van het oog van God op die ster.
Zoet was die dwaling – zoeter nog die dood –
Zoet was die vergissing – ev'n bij ons de adem
Van de wetenschap dimt de spiegel van onze vreugde -
Voor hen was het de Simoom, en hij zou vernietigen —
Want wat baat het te weten
Dat waarheid onwaarheid is – of dat gelukzaligheid wee is?
Zoet was hun dood - bij hen was sterven schering en inslag
Met de laatste extase van een verzadigd leven -
Voorbij die dood geen onsterfelijkheid —
Maar de slaap die overpeinst en niet "moet zijn" –

En daar - oh! Moge mijn vermoeide geest wonen -
*Afgezien van de eeuwigheid van de hemel — en toch, hoe ver van de hel!
Wat een schuldige geest, in welk een struikgewas dwaas,
Heeft u de opzwepende oproep van die hymne niet gehoord?
Maar twee: zij vielen, want de hemel schenkt geen genade
Aan hen die niet horen om hun kloppend hart.
Een engelmaagd en haar seraf-minnaar -
O! waar (en gij moogt de wijde hemelen zoeken)
Was de Liefde, de blinde, bijna nuchtere Plicht bekend?
†Ongeleide liefde is gevallen - 'te midden van 'tranen van volmaakt gekreun':

---

*Bij de Arabieren is er een middenweg tussen hemel en hel, waar de mensen geen straf ondergaan, maar toch niet dat rustige en gelijkmatige geluk bereiken dat zij veronderstellen kenmerkend te zijn voor hemels genot.

Un no rompido sueno —
Un dia puro — allegre — libre
Quiera —
Libre de amor — de zelo —
De odio — de esperanza — de rezelo,
Luis Ponce de Leon.

Verdriet is niet uitgesloten van 'Al Aaraaf', maar het is dat verdriet dat de levenden graag koesteren voor de doden, en dat in sommige gedachten lijkt op het delirium van opium. De hartstochtelijke opwinding van de liefde en de opgewektheid van de geest die gepaard gaat met dronkenschap zijn haar minder heilige genoegens — waarvan de prijs voor die zielen die kiezen voor "Al Aaraaf" als hun verblijfplaats na het leven, de uiteindelijke dood en vernietiging is.

†Er zijn tranen van volmaakt gekreun
Weende om u in Helicon. — Milton.

Hij was een goede geest - hij die viel:
Een zwerver door bemoste mantel goed -
Een blik op de lichten die erboven schijnen -
Een dromer in de manestraal door zijn liefde:
Welk wonder? want elke ster is daar ooggelijk,
En ziet er zo lief uit op het haar van Beauty -
En zij, en elke bemoste lente waren heilig
Naar zijn liefde, spookachtig hart en melancholie.
De nacht had gevonden (voor hem een nacht van wee)
Op een bergrots, jonge Angelo -
Kevers buigt het zich door de plechtige hemel,
En fronst naar de met sterren bezaaide werelden die eronder liggen.
Hier zat hij met zijn liefde – zijn donkere ogen gebogen
Met arendsblik langs het firmament:
Draai het nu op haar - maar altijd dan
Het beefde weer tot één constante ster.
"Ianthe, liefste, zie je wel! Hoe zwak is die straal!
Wat is het heerlijk om zo ver weg te kijken!
Zo scheen ze niet te zijn op die herfstavond
Ik verliet haar prachtige zalen - en rouwde niet om te vertrekken:
Die vooravond – die vooravond – zou ik me goed moeten herinneren
–

De zonnestraal viel in Lemnos betoverd neer

Op het 'Arabesq' snijwerk van een vergulde zaal
Waarin ik zit, en op de gedrapeerde muur -
En op mijn oogleden - O! het zware licht!
Hoe slaperig woog het hen de nacht in!
Op bloemen, vroeger, en mist, en liefde liepen ze
Met de Perzische Saadi in zijn Gulistan:
Maar O! dat licht! - Ik sluimerde - Dood, terwijl,
Stal mijn zintuigen op dat mooie eiland
Zo zacht dat geen enkel zijden haartje
Wakker die sliep - of wist dat het er was.

De laatste plek van de aardbol waar ik op liep
*Heette een trotse tempel het Parthenon?
Meer schoonheid klampte zich vast rond haar zuilenmuur
†Dan slaat uw gloeiende boezem mee,
En toen de oude tijd mijn vleugel zich losmaakte
Vandaar sprong ik - als de adelaar van zijn toren,
En jaren die ik in een uur achter me liet.
Hoe laat hing ik aan haar luchtige grenzen
De ene helft van de tuin van haar aardbol werd weggeslingerd

---

*Het was voltooid in 1687 - de hoogste plek in Athene.

†Schaduwen meer schoonheid in hun luchtige wenkbrauwen
Dan hebben we de witte borsten van de Koningin van de Liefde.
— Marlow [[Marlowe]].

60

Uitrollen als een grafiek naar mijn mening -
Huurdersloze steden van de woestijn ook!
Ianthe, schoonheid drukte zich toen op me af,
En de helft zou ik weer van mannen willen zijn.

"Mijn Angelo! En waarom zouden ze dat zijn?
Een helderder woonplaats is hier voor u -
En groenere velden dan in de wereld daarboven,
En de lieflijkheid van vrouwen - en hartstochtelijke liefde.

"Maar, lijst, Ianthe! Als de lucht zo zacht is
*Gefaald, terwijl mijn geest van de pennon omhoog sprong,
Misschien werden mijn hersenen duizelig - maar de wereld
Ik ging zo laat weg, was in chaos, geslingerd -
Sprong van haar standplaats, op de winden apart,
En rolde, een vlam, de vurige hemel ertegenover.
Ik dacht, mijn lieve, toen hield ik op met zweven
En viel - niet snel zoals ik eerder opstond,
Maar met een neerwaartse, trillende beweging
Lichte, brutale stralen, deze gouden ster aan!
Noch lang de maat van mijn vallende uren,
Want de naaste van alle sterren was de uwe bij de onze,

---

*Pennon — voor rondsel. — Milton.

Gevreesde ster! die kwam, te midden van een nacht van vrolijkheid,
Een rode Dædalion op de schuchtere aarde!
"Wij kwamen - en naar uw aarde - maar niet naar ons
Krijg het bevel van Onze Lieve Vrouw om te bespreken:
We kwamen, mijn liefste; rond, boven, onder,
Vrolijke vuurvlieg van de nacht dat we komen en gaan,
Vraag ook geen andere reden dan het engelenknikje
Zij schenkt ons, zoals haar God haar schenkt:
Maar, Angelo, dan ontvouwde je grijze Tijd zich
Nooit zijn feeënvleugel of sprookjeswereld!
Zwak was zijn kleine schijf en engelenogen
Alleen kon het spook in de lucht zien,
Toen Al Aaraaf voor het eerst wist dat haar koers was
Halsoverkop daarheen over de sterrenzee -
Maar toen zijn glorie aan de hemel zwol
Als gloeiende schoonheid haar buste onder het oog van de man,
Wij stonden stil voor de erfenis van de mensen,
En uw ster beefde - zoals de schoonheid dan!"
Zo liepen de geliefden in het gesprek weg
De nacht die vervaagde en verwelkte en geen dag bracht
Zij vielen, want de hemel schenkt hun geen hoop
Die niet horen om het kloppen van hun hart.

TAMERLANE.

1

*Vriendelijke troost in een stervend uur! —
Dat, vader, is (nu) niet mijn thema —
Ik zal die kracht niet als een gek beschouwen
Van de aarde kan mij van de zonde verschrompelen
Onaardse trots heeft zich verlustigd in -
Ik heb geen tijd om te donderen of te dromen:
Je noemt het hoop — dat vuur van vuur!
Het is slechts een kwelling van begeerte:
Als ik kan hopen - Oh God! Ik kan —
Zijn bron is heiliger — goddelijker —
Ik zou je geen dwaas willen noemen, oude man,
Maar dat is geen gave van u.*

2

*Ken het geheim van een geest
Boog van zijn wilde trots in schaamte.
O! smachtend hart! Ik heb geërfd
Uw verdorrende deel met de roem,*

De verzengende glorie die heeft geschenen
Te midden van de juwelen van mijn troon,
Halo van de hel! en met pijn
Niet zal de hel mij weer vrezen —
O! Hunkerend hart, naar de verloren bloemen
En zonneschijn van mijn zomeruren!
De onsterfelijke stem van die dode tijd,
Met zijn eindeloze klokkenspel,
Ringen, in de geest van een betovering,
Op uw leegte - een klok.

3

Ik ben niet altijd geweest zoals nu:
De koortsige diadeem op mijn voorhoofd
Ik heb geclaimd en gewonnen op usurperende wijze ———
Is niet dezelfde woeste erfgenaam gegeven
Rome voor de Caesar – dit voor mij?
De erfenis van een koninklijke geest,
En een trotse geest die heeft gestreefd
Triomfantelijk met de mensheid.

4

Op berggrond tekende ik voor het eerst leven:
De nevels van de Taglay zijn opgetrokken

Nachtelijk hun dauw op mijn hoofd,
En, geloof ik, de gevleugelde strijd
En tumult van de onrustige lucht
Heeft zich in mijn haar genesteld.

5

Zo laat uit de hemel - die dauw - viel het
('Midden in dromen van een onheilige nacht)
Op mij - met de aanraking van de hel,
Terwijl het rode knipperen van het licht
Van wolken die hingen, als banieren, o'er,
Verscheen aan mijn halfsluitende oog
De pracht en praal van de monarchie,
En het gebulder van de diepe trompetdonder
Kwam haastig op me af en vertelde
Van menselijke strijd, waar mijn stem,
Mijn eigen stem, onnozel kind! — zwelling
(O! hoe zou mijn geest zich verheugen,
En spring in mij bij de kreet)
De strijdkreet van de overwinning!

6

De regen kwam op mijn hoofd neer
Onbeschut - en de zware wind

Was reusachtig - zo gij, mijn geest! —
Het was maar de mens, dacht ik, die
Lauweren op mij: en de stormloop -
De stortvloed van de kille lucht
Knorbelde in mijn oor de verliefdheid
Van rijken - met het gebed van de gevangene -
Het geroezemoes van vrijers - en de toon
Van vleierij 'rond de troon van een soeverein'.

7

Mijn passies, van dat ongelukkige uur,
Usurp'd een tirannie die mannen
Heb geacht, sinds ik aan de macht ben gekomen;
Mijn aangeboren natuur — het zij zo:
Maar, vader, er leefde er een die toen,
Toen – in mijn jongensjaren – toen hun vuur
Verbrand met een nog intensere gloed,
(Want de hartstocht moet, met de jeugd, vergaan)
En wie kende dan dit ijzeren hart
In de zwakheid van de vrouw speelde een rol.

8

Ik heb er geen woorden voor – helaas! — om te vertellen
De lieflijkheid van goed liefhebben!

Ik zou nu ook niet proberen te traceren
De meer dan schoonheid van een gezicht
Wiens afstammingslijnen, in mijn gedachten,
Zijn ——— schaduwen op de onstabiele wind:
Zo herinner ik me dat ik heb gewoond
Een bladzijde uit de vroege overlevering op,
Met treuzelende ogen, tot ik heb gevoeld
De letters – met hun betekenis – smelten
Naar fantasieën - met geen.

9

O! Ze was alle liefde waard!
Liefde – zoals in mijn kindertijd de mijne was –
't Was zoals engelengeesten boven
Zou jaloers kunnen zijn; haar jonge hart het heiligdom
Waarop mijn hoop en gedachte
Waren wierook - dan een goed geschenk,
Want ze waren kinderachtig – en oprecht –
Zuiver ——— zoals haar jonge voorbeeld leerde:
Waarom heb ik het verlaten, en, op drift,
Vertrouw op het vuur binnenin, voor licht?

10

We groeiden in leeftijd - en liefde - samen -
Zwerven door het bos en de wildernis;

Mijn borst, haar schild bij winters weer -
En, toen de vriendelijke zonneschijn glimlachte,
En ze zou de openingshemel markeren,
Ik zag geen hemel, maar in haar ogen.

11

De eerste les van Young Love is —— het hart:
Want midden in die zonneschijn en die glimlachen,
Wanneer, van onze kleine zorgen apart,
En lachend om haar meisjesachtige listen,
Ik zou me op haar kloppende borst gooien,
En stort mijn geest uit in tranen -
Het was niet nodig om de rest te spreken.
Het is niet nodig om angsten te stillen
Van haar - die geen reden zou vragen waarom,
Maar haar stille oog richtte zich op mij!

12

Toch de liefde meer dan waard
Mijn geest worstelde met, en streefde,
Wanneer, op de bergtop, alleen,
Ambitie gaf het een nieuwe toon —
Ik had geen bestaan — maar in u:
De wereld, en alles wat het bevatte, bevatte

In de aarde — de lucht — de zee —
Zijn vreugde - zijn kleine beetje pijn
Dat was nieuw genot —— het ideale,
Schemerig, ijdelheden van dromen 's nachts -
En zwakkere nietszeggendheden die echt waren -
(Schaduwen - en een meer schimmig licht!)
Gescheiden op hun mistige vleugels,
En zo, verward, werd
Uw beeld en – een naam – een naam!
Twee afzonderlijke - maar zeer intieme dingen.

13

Ik was ambitieus - weet je dat
De passie, vader? Je hebt het volgende niet:
Een huisjesmelker, ik markeerde een troon
Van de helft van de wereld als de mijne,
En murmureerde bij zo'n nederig lot -
Maar, net als elke andere droom,
Op de damp van de dauw
De mijne was voorbij, niet de straal
Van Schoonheid die deed terwijl het thro'
De minuut — het uur — de dag — beklemming
Mijn geest met dubbele lieflijkheid.

14

We liepen samen op de kruin
Van een hoge berg die naar beneden keek
Ver weg van zijn trotse natuurlijke torens
Van rots en bos, op de heuvels -
De geslonken heuvels! begirt met prieeltjes
En schreeuwen met duizend rillen.

15

Ik sprak met haar over macht en trots,
Maar mystiek - in zo'n gedaante
Opdat zij het niet anders zou achten dan
Het moment is omgekeerd; in haar ogen
Ik las, misschien te slordig:
Een vermengd gevoel met het mijne -
De blos op haar heldere wang, voor mij
Het leek erop dat het een koninginnetroon zou worden
Te goed dat ik het zou laten zijn
Licht in de wildernis alleen.

16

Ik wikkelde mezelf toen in grootsheid,
En droeg een visionaire kroon ——
Toch was het niet die Fantasie
Had haar mantel over me heen gegooid -

Maar dat, onder het gepeupel - mannen,
De ambitie van de leeuw is vastgeketend -
En hurkt voor de hand van een bewaker -
Niet zo in woestijnen waar de grote
De wildernis - de verschrikkelijke samenzwering
Met hun eigen adem om zijn vuur aan te wakkeren.

17

Kijk nu eens om je heen op Samarcand! —
Is zij niet de koningin van de aarde? haar trots
Vooral steden? in haar hand
Hun lot? in al het andere
Van heerlijkheid die de wereld heeft gekend
Staat zij niet edel en alleen?
Vallen - haar allerste opstapje
Zal het voetstuk van een troon vormen -
En wie haar soeverein? Timour — hij
Wie de verbaasde mensen zagen
Hooghartig schrijden over rijken
Een vogelvrij verklaarde diadeem -

18

O! menselijke liefde! Gij geest gegeven,
Op aarde hopen we allemaal in de hemel!
Die als regen in de ziel vallen
Op de Siroc verdorde vlakte,

En tekortschietend in uw macht om te zegenen
Maar laat het hart een wildernis achter!
Idee! die het leven in de buurt bindt
Met muziek van zo'n vreemd geluid
En de schoonheid van zo'n wilde geboorte -
Afscheid! want ik heb de aarde gewonnen!

19

Toen Hope, de adelaar die torende, kon zien
Geen klif achter hem in de lucht,
Zijn rondsels waren hangend gebogen -
En huiswaarts wendde zijn verzachte oog zich af.

20

Het was zonsondergang: wanneer de zon zal scheiden
Er komt een norsheid van het hart
Aan hem die nog zou kijken naar
De glorie van de zomerzon.
Die ziel zal de ev'ning mist haten
Zo vaak mooi, en zal opsommen
Naar het geluid van de komende duisternis (bekend
Aan hen wier geest teruggrijpt) als één
Wie, in een droom van de nacht, zou vliegen
Maar kan niet van een gevaar nabij.

21

Wat tho de maan - de witte maan
Werp al de pracht van haar middag af,
Haar glimlach is kil - en haar straal,
In die tijd van somberheid, zal lijken
[Dus alsof je je adem inneemt]
Een portret genomen na de dood.
En de jongensjaren is een zomerzon
Wiens afnemen het somberste is -
Want alles wat we leven om te weten is bekend
En alles wat we proberen te behouden, is gevlogen -
Laat dan het leven, als de dagbloem, vallen
Met de schoonheid van de middag - en dat is alles.

22

Ik heb mijn huis bereikt - mijn thuis niet meer -
Want allen waren gevlogen die het zo gemaakt hadden -
Ik ging voorbij van de bemoste deur,
En hoewel mijn tred zacht en laag was,
Een stem kwam uit de drempelsteen
Van iemand die ik eerder had gekend -
O! Ik daag u uit,, om te laten zien
Op brandbedden die beneden branden,
Een nederiger hart - een dieper wee -

23

Vader, ik geloof vast -
Ik weet het - voor de Dood die voor mij komt
Uit de streken van de zaligste verte,
Waar niets te bedriegen valt,
Heeft zijn ijzeren poort op een kier laten staan,
En stralen van waarheid kun je niet zien
Flitsen door de eeuwigheid ——
Ik geloof echt dat Eblis
Een valstrik op elk menselijk pad -
Anders hoe, wanneer in het heilige bos
Ik dwaalde af van de afgod, Liefde,
Die dagelijks zijn besneeuwde vleugels ruikt
Met wierook van brandoffers
Van de meest onbezoedelde dingen,
Wiens aangename prieeltjes nog zo gescheurd zijn
Boven met gerimpelde stralen uit de hemel
Geen splinter mag schuwen - geen kleinste vlieg
Het licht van zijn arendsoog —
Hoe kwam het dat Ambitie kroop,
Ongezien, te midden van de feestvreugde daar,
Tot hij brutaal werd, lachte en sprong hij op
In de klitten van het haar van de liefde?

DIVERSE GEDICHTEN.

Mijn nietigheid – mijn wensen –
Mijn zonden – en mijn berouw –
SOUTHEY E PERSIS.

En wat bloemen - maar geen baaien.
MILTO

INLEIDING.

1

*ROMANTIEK die houdt van knikken en zingen
Met slaperig hoofd en gevouwen vleugel
Tussen de groene bladeren terwijl ze schudden
Ver beneden in een schaduwrijk meer
Voor mij een geschilderd paroquet
Is geweest - een zeer bekende vogel -
Leerde me mijn alfabet om te zeggen -
Om mijn allereerste woord te lispelen
Terwijl ik in het wilde bos was, lag ik
Een kind — met een zeer wetend oog.*

2

*Van late, eeuwige Condor-jaren
Dus schud de lucht op hoog
Met tumult, terwijl ze voorbij denderen,
Ik heb nauwelijks tijd gehad voor zorgen
Thro' staren naar de onrustige hemel!
En, wanneer een uur met rustigere vleugels
Het werpt neer op mijn geest -
Die korte tijd met lier en rijm
Om weg te zijn - verboden dingen!
Mijn hart zou voelen als een misdaad
Beefde het niet met de snaren!*

1.

NAAR—————

1

Moet mijn vroege leven lijken,
[Zo goed als het zou kunnen,] een droom -
Toch bouw ik geen geloof op
De koning Napoleon —
Ik kijk niet ver omhoog
Voor mijn lot in een ster.

2

Bij het afscheid van jou nu
Zoveel zal ik belijden:
Er zijn wezens, en zijn geweest
Die mijn geest niet had gezien
Had ik ze aan me voorbij laten gaan
Met een dromend oog —
Als mijn vrede is weggevlucht
In een nacht - of in een dag -
In een visioen - of in geen -
Is het daarom minder weg? —

3

Ik sta midden in het gebrul
Van een verweerde kust,

En ik houd in mijn hand
Enkele zanddeeltjes —
Hoe weinig! En hoe ze kruipen
Thro' mijn vingers naar de diepte!
Mijn vroege hoop? Nee — zij
Ging glorieus weg,
Als een bliksemschicht uit de hemel
Meteen – en ik ook.

4

Zo jong? ah! Nee — niet nu —
Gij hebt mijn voorhoofd niet gezien,
Maar ze zeggen je dat ik trots ben -
Ze liegen - ze liegen hardop -
Mijn boezem klopt van schaamte
Bij de bleekheid van de naam
Waarmee ze durven te combineren
Een gevoel zoals het mijne -
Noch stoïcijns? Ben ik niet:
In de verschrikking van mijn lot
Ik lach als ik bedenk hoe arm
Dat genot "te verduren!"
Wat! schaduw van Zeno! — Ik!
Duren! — Nee — Nee — Trots.

2.

NAAR——— ———

1

Ik zag je op je bruidsdag -
Toen er een brandende blos over je heen kwam
Het geluk om je heen lag
De wereld heeft u allen lief:

2

En in uw oog een ontstekend licht
[Wat het ook mag zijn]
Was alles op aarde mijn geketende zicht
Van Lieflijkheid kon zien.

3

Die blos was misschien een schande voor het meisje -
Als zodanig kan het heel goed voorbijgaan -
Al heeft zijn gloed een fellere vlam doen opwaaien
In zijn borst, helaas!

4

Wie zag u op die bruidsdag,
Als die diepe blos over je heen zou komen,
Het geluk om je heen lag
De wereld heeft alle liefde voor u uit.

3.

NAAR——— ———

1

De prieeltjes waar ik in dromen zie
De meest baldadig zingende vogels
Zijn lippen - en heel uw melodie
Van door de lippen verwekte woorden —

2

Uw ogen, in de hemel van het hart
Val dan troosteloos neer,
O! God! op mijn begrafenisgeest
Als sterrenlicht op een pall -

3

Uw hart — uw hart! — Ik word wakker en zucht,
En slaap om te dromen tot de dag
Van de waarheid die goud nooit kan kopen -
Van de kleinigheden die het kan zijn.

4.

NAAR DE RIVIER———

1

Eerlijke rivier! in uw heldere, heldere stroom
Van labyrintachtig water,
Gij zijt een embleem van de gloed
Van schoonheid - het verborgen hart -
De speelse mazigheid van kunst
In de dochter van de oude Alberto -

2

Maar als ze in uw golf is, kijkt ze ...
Die dan glinstert en beeft -
Waarom dan de mooiste van alle beken?
Haar aanbidder lijkt op:
Want in mijn hart - als in uw stroom -
Haar beeld ligt ten diepste -
Het hart dat beeft aan de balk,
De blik van haar ogen.

5.

HET MEER — NAAR ———

1

*In de lente van de jeugd was het mijn lot
Om de wijde wereld rond te spoken, een plek
Datgene waar ik niet minder van kon houden,
Zo heerlijk was de eenzaamheid
Van een wild meer met zwarte rots gebonden,
En de hoge dennen die eromheen torenden:
Maar toen de nacht haar smet had geworpen
Op die plek - zoals op alles,
En de zwarte wind frustte voorbij,
In een klaagzang van melodie -
Mijn kinderlijke geest zou ontwaken
Tot schrik van het eenzame meer.*

2

*Maar die schrik was geen schrik —
Maar een bevende verrukking -
Een gevoel dat niet het mijne is
Zou me ooit moeten omkopen om te definiëren -
Noch de liefde — hoewel de liefde de uwe is:*

3

De dood was in die vergiftigde golf -
En in zijn kloof is een passend graf
Voor hem die daaruit troost kon brengen
Aan zijn enige verbeelding -
Wiens eenzame ziel zou kunnen maken
Een Eden van dat schemerige meer.

6.

GEESTEN VAN DE DODEN.

1

*Uw ziel zal zichzelf alleen vinden
'Midden in donkere gedachten aan de grijze grafsteen -
Niet één, van de hele menigte, om te wrikken
In uw uur van geheimhouding:*

2

*Wees stil in die eenzaamheid
En dat is geen eenzaamheid – want dan
De geesten van de doden die stonden
In het leven dat voor u ligt, zijn er weer* [pagina 66:]
*In de dood om u heen - en hun wil
Zal u dan overschaduwen: wees stil.*

3

Want de nacht - tho' clear - zal fronsen -
En de sterren zullen niet naar beneden kijken,
Van hun hoge tronen in de hemel,
Met licht als hoop aan stervelingen gegeven -
Maar hun rode bollen, zonder straal,
Aan uw vermoeidheid zal schijnen
Als een branderig gevoel en koorts
Die zich voor eeuwig aan u zou vastklampen:

4

Nu zijn er gedachten die Gij niet zult uitbannen
Nu zullen visioenen niet verdwijnen -
Uit uw geest zullen zij voorbijgaan
Niet meer - als dauwdruppel van het gras:

5

De bries — de adem van God — is stil —
En de mist op de heuvel
Schimmig — schimmig — maar toch ongebroken,
Is een symbool en een teken —
Hoe het aan de bomen hangt,
Een mysterie vol mysteries! —

7.

EEN DROOM.

1

In visioenen van de donkere nacht
Ik heb gedroomd van vreugde, vertrokken -
Maar een wakende droom van leven en licht
Heeft mij met een gebroken hart achtergelaten:

2

En wat is overdag geen droom
Aan hem wiens ogen zijn geworpen
Op dingen om hem heen met een straal
Terugkeren naar het verleden?

3

Die heilige droom - die heilige droom,
Terwijl de hele wereld aan het fluiten was,
Heeft mij toegejuicht als een lieflijke straal
Een eenzame geest die gidst:

4

Wat doe je dat voor licht, door storm en nacht
Zo beefde van verre -
Wat kan er meer puur helder zijn
In de dagster van de waarheid? —

8.

NAAR M——

1

O! Het kan me niet schelen dat mijn aardse lot is
Heeft – weinig van de aarde in zich –
Dat jaren van liefde vergeten zijn
In de koorts van een minuut -

2

Ik sla er geen acht op dat de verlaten
Zijn gelukkiger, zoeter, dan ik -
Maar dat je je met mijn lot bemoeit
Die een voorbijganger ben.

3

Het is niet zo dat mijn bronnen van gelukzaligheid
Zijn aan het gutsen - vreemd! met tranen —
Of dat de sensatie van een enkele kus
Heeft vele jaren verlamd —

4

't Is niet de bloemen van twintig lentes
Die zijn verdord toen ze opkwamen

Dood liggen op mijn harten
Met het gewicht van een tijdperk van sneeuw.

5

Noch dat het gras - O! Moge het gedijen!
Op mijn graf groeit of groeit -
Maar dat, terwijl ik dood en toch levend ben
Ik kan niet alleen zijn, dame.

9.

SPROOKJESLAND.

Zwakke valleien - en schaduwrijke overstromingen -
En troebel uitziende bossen,
Wiens vormen we niet kunnen ontdekken
Voor de tranen die overal druipen.
Enorme manen wassen en afnemen daar -
Opnieuw — opnieuw — opnieuw —
Elk moment van de nacht -
Voor steeds veranderende plaatsen —
En ze doven het sterrenlicht
Met de adem van hun bleke gezichten;

Ongeveer twaalf uur bij de maanwijzer
Een, meer filmachtig dan de rest
[Een soort die, na berechting,
Ze hebben ontdekt dat ze de beste zijn]
Komt naar beneden - nog steeds naar beneden - en naar beneden
Met het midden op de kruin
Van de verhevenheid van een berg,
Hoewel de brede omtrek
In gemakkelijke draperie valt
Over gehuchten en rijke zalen,
Waar ze ook mogen zijn —
O de vreemde bossen - o'er de zee -
Over geesten op de vleugel
Over elk slaperig ding -
En begraaft ze behoorlijk
In een labyrint van licht —
En dan, hoe diep! O! diep!
Is de passie van hun slaap!
's Morgens staan ze op,
En hun maanachtige bedekking
Zweeft in de lucht,
Met de stormen als ze heen en weer slingeren,

*Zoals —— bijna alles —
Of een gele albatros.
Ze gebruiken die maan niet meer
Voor hetzelfde doel als voorheen —
Videlicet een tent —
Wat ik extravagant vind:
Zijn atomiteiten echter
In een douche scheiden,
Waarvan die vlinders,
Van de aarde, die de hemel zoekt,
En kom dus weer naar beneden,
(De ongelovige dingen!)
Heb een exemplaar meegebracht
Op hun trillende vleugels.

POEMS

BY

EDGAR A. POE.

TOUT LE MONDE A RAISON —ROCHEFOUCAULT

SECOND EDITION.

New York:
PUBLISHED BY ELAM BLISS.
1831.

GEDICHTEN

BIJ

EDGAR A. POE.

TOUT LE MONDE A RAISON. — ROCHEFOUCAULT

TWEEDE DRUK.

New York:

UITGEGEVEN DOOR ELAM BLISS.

. . . .

1831.

Inhoudsopgave

TOEWIJDING.

BRIEF AAN DE HEER —.

INTRODUCTIE.

NAAR HELEN

ISRAFEL.

DE GEDOEMDE STAD.

SPROOKJESLAND.

IRENE.

Een PÆAN.

DE VALLEI NIS.

AL AARAAF.

TAMERLANE.

AAN

HET AMERIKAANSE KORPS VAN KADETTEN

DIT DEEL

IS RESPECTVOL TOEGEWIJD.

BRIEF.

Vertel hem hoeveel het wringt
In wispelturige punten van vriendelijkheid -
Vertel wijsheid die het verstrikt
Zelf in overwijsheid.

De heer Walter Raleigh.

BRIEF AAN DE HEER—— ——

Westpunt, —— 1831.

BESTE B——.

* * * * * * * *

Omdat ik geloofde dat slechts een deel van mijn vorige boek een tweede druk waard was – dat kleine deel vond ik het net zo goed om in het huidige boek op te nemen als om op zichzelf opnieuw uit te geven. Daarom heb ik hierin Al Aaraaf en Tamerlane gecombineerd met andere gedichten die tot nu toe niet gedrukt zijn. Ik heb ook niet geaarzeld om uit de 'kleine gedichten', die nu zijn weggelaten, hele regels en zelfs passages in te voegen, zodat ze, als ze in een eerlijker licht worden geplaatst en de prullenbak eruit wordt geschud waarin ze waren ingebed, enige kans hebben om door het nageslacht te worden gezien.

* * * * *

Er is wel eens gezegd, dat een goede kritiek op een gedicht geschreven kan worden door iemand die zelf geen dichter is. Dit vind ik, volgens uw en mijn idee van poëzie, onjuist – hoe minder poëtisch de criticus, hoe minder rechtvaardig de kritiek, en omgekeerd. Om deze reden, en omdat er maar weinig B——s in de wereld zijn, zou ik me evenzeer schamen voor de goede mening van de wereld als trots zijn op die van jou. Een ander dan jijzelf zou hier kunnen opmerken: "Shakspeare is in het bezit van de goede mening van de wereld, en toch is Shakspeare de grootste van alle dichters. Het lijkt er dus op dat de wereld juist oordeelt, waarom zou je je schamen voor hun gunstige oordeel?" De moeilijkheid ligt in de interpretatie van het woord "oordeel" of "mening". De mening is inderdaad van de wereld, maar ze kan de hunne worden genoemd zoals een man een boek het zijne zou noemen, nadat hij het heeft gekocht; Hij heeft het boek niet geschreven, maar het is van hem; Zij hebben de mening niet bedacht, maar het is de hunne. Een dwaas bijvoorbeeld denkt dat Shakspeare een groot dichter is — maar de dwaas heeft Shakspeare nooit gelezen. Maar de buurman van de dwaas, die een stap hoger is op de Andes van de geest, wiens hoofd (dat wil zeggen zijn meer verheven gedachte) te ver boven de dwaas staat om gezien of begrepen te worden, maar wiens voeten (waarmee ik zijn dagelijkse handelingen bedoel) voldoende dichtbij zijn om te worden onderscheiden, en door middel waarvan die superioriteit wordt vastgesteld, die, zonder hen, nooit ontdekt zou zijn — deze buurman beweert dat Shakspeare een groot dichter is — de dwaas gelooft hem, en het is voortaan zijn mening. De eigen mening van deze buurman is op dezelfde manier overgenomen van iemand boven hem, en zo stijgend naar een paar begaafde individuen, die rond de top knielen en van aangezicht tot aangezicht de meester-geest aanschouwen die op de top staat.

✯ ✯ ✯ ✯ ✯

U bent zich bewust van de grote barrière op het pad van een Amerikaanse schrijver. Hij wordt gelezen, als hij al gelezen wordt, in plaats van de gecombineerde en gevestigde humor van de wereld. Ik zeg gevestigd; Want het is met de literatuur net als met de wet of het imperium — een gevestigde naam is een landgoed in eigendom, of een troon in bezit. Trouwens, men zou kunnen veronderstellen dat boeken, net als hun auteurs, beter worden door te reizen — het feit dat ze de zee zijn overgestoken is bij ons zo'n groot onderscheid. Onze oudheidkundigen laten de tijd achter voor afstand; onze fops werpen een blik van de band naar de onderkant van de titelpagina, waar de *mystieke tekens die Londen, Parijs of Genua spellen, precies evenzovele aanbevelingsbrieven zijn.*

✱ ✱ ✱ ✱ ✱

Ik heb zojuist een vulgaire fout genoemd met betrekking tot de kritiek. Ik denk dat het idee dat geen enkele dichter een juiste inschatting kan maken van zijn eigen geschriften een andere is. Ik merkte al eerder op, dat in verhouding tot het dichterlijk talent, de rechtvaardigheid van een kritiek op de poëzie zou zijn. Daarom zou een slechte dichter, dat geef ik toe, een valse kritiek leveren, en zijn eigenliefde zou zijn kleine oordeel onfeilbaar in zijn voordeel beïnvloeden; maar een dichter, die inderdaad een dichter is, kan, denk ik, niet nalaten een rechtvaardige kritiek te leveren. Wat op grond van eigenliefde moet worden afgetrokken, kan worden vervangen op grond van zijn intieme kennis van het onderwerp; Kortom, we hebben meer voorbeelden van valse kritiek dan van rechtvaardige, waarbij de eigen geschriften de test zijn, eenvoudig omdat we meer slechte dan goede dichters hebben. Er zijn natuurlijk veel bezwaren tegen wat ik zeg: Milton is een goed voorbeeld van het tegendeel; maar zijn mening met betrekking tot het herwonnen paradijs is geenszins eerlijk vastgesteld. Door wat een onbeduidende omstandigheden worden mensen er vaak toe gebracht te beweren wat ze werkelijk niet geloven! Misschien is er een onbedoeld woord neergedaald naar het nageslacht. Maar in feite is het herwonnen paradijs weinig of helemaal niet inferieur aan het verloren paradijs, en wordt het alleen maar verondersteld zo te zijn, omdat mensen niet van heldendichten houden, wat ze ook van het tegendeel mogen beweren, en als ze die van Milton in hun natuurlijke volgorde lezen, zijn ze te veel vermoeid door het eerste om enig plezier te beleven aan het tweede.

Ik durf te zeggen dat Milton Comus verkoos boven een van beide - als dat zo is - terecht.

* * * * *

Nu ik het over poëzie heb, zal het niet verkeerd zijn om de meest bijzondere ketterij in haar moderne geschiedenis enigszins aan te stippen – de ketterij van wat heel dwaas de Lake School wordt genoemd. Enkele jaren geleden zou ik door een gelegenheid als de onderhavige ertoe gebracht kunnen zijn om te proberen hun leer formeel te weerleggen; Op dit moment zou het een werk van superrogatie zijn. De wijzen moeten buigen voor de wijsheid van mannen als Coleridge en Southey, maar omdat ze wijs zijn, hebben ze gelachen om poëtische theorieën die zo prozaïsch worden geïllustreerd.

Aristoteles heeft met bijzondere zekerheid de poëzie uitgeroepen tot de meest filosofische van alle geschriften*– maar er was een Wordsworth voor nodig om het het meest metafysisch te noemen. Hij lijkt te denken dat het einde van poëzie instructie is, of zou moeten zijn - maar het is een waarheid als een koe dat het einde van ons bestaan geluk is; Als dat zo is, zou het einde van elk afzonderlijk deel van ons bestaan - elk ding dat met ons bestaan verbonden is, nog steeds geluk moeten zijn. Daarom moet het doel van het onderricht geluk zijn; En geluk is een andere naam voor plezier; - daarom zou het doel van het onderricht genot moeten zijn: toch zien we dat de bovengenoemde mening precies het tegenovergestelde impliceert.

Om verder te gaan: ceteris paribus, hij die behaagt, is van groter belang voor zijn medemensen dan hij die onderwijst, want nut is geluk, en genot is het reeds verkregen doel, waarvan het onderricht slechts het middel is om het te verkrijgen.

Ik zie dan ook geen reden waarom onze metafysische dichters zich zo zouden beroemen op het nut van hun werken, tenzij ze inderdaad verwijzen naar onderwijs met de eeuwigheid in het vooruitzicht; in dat geval zou oprecht respect voor hun vroomheid mij niet in staat stellen mijn minachting voor hun oordeel te uiten;

minachting die moeilijk te verbergen zou zijn, aangezien hun geschriften zogenaamd door weinigen moeten worden begrepen, en het zijn de velen die redding nodig hebben. In zo'n geval zou ik ongetwijfeld in de verleiding komen om te denken aan de duivel in Melmoth, die onvermoeibaar door drie octavo-delen zwoegt om de vernietiging van een of twee zielen te bewerkstelligen, terwijl elke gewone duivel er een of tweeduizend zou hebben vernietigd.

☆ ☆ ☆ ☆ ☆

Tegen de subtiliteiten die de poëzie tot een studie – niet tot een hartstocht – zouden maken, wordt zij de metafysicus om te redeneren – maar de dichter om te protesteren. Toch zijn Wordsworth en Coleridge mannen in jaren; de een doordrenkt met contemplatie uit zijn kindertijd, de ander een reus in intellect en geleerdheid. De schroom waarmee ik hun gezag durf te betwisten, zou overweldigend zijn, als ik niet uit de grond van mijn hart voelde dat leren weinig te maken heeft met de verbeelding – intellect met de hartstochten – of ouderdom met poëzie.

☆ ☆ ☆ ☆ ☆

"*Kleinigheden, als rietjes, op het oppervlak stromen,*
Hij die naar parels wil zoeken, moet naar beneden duiken."

zijn lijnen die veel onheil hebben aangericht. Wat de grotere waarheden betreft, vergissen de mensen zich vaker door ze aan de onderkant te zoeken dan aan de top; De diepte ligt in de enorme afgronden waar wijsheid wordt gezocht – niet in de tastbare paleizen waar ze wordt gevonden. De Ouden hadden niet altijd gelijk toen ze de godin in een put verstopten: getuige het licht dat Bacon op de filosofie heeft geworpen; Getuige de beginselen van ons goddelijk geloof – dat morele mechanisme waardoor de eenvoud van een kind de wijsheid van een mens kan overbruggen.

Poëzie is bovenal een prachtig schilderij waarvan de tinten, bij nauwkeurige inspectie, verwarring en erger verward zijn, maar stoutmoedig beginnen met de vluchtige blik van de kenner.

We zien een voorbeeld van Coleridge's neiging om zich te vergissen, in zijn Biographia Literaria - zogenaamd zijn literaire leven en meningen, maar in feite een verhandeling de omni scibili et quibusdam aliis. Hij gaat de fout in vanwege zijn diepgang, en vanwege zijn dwaling hebben we een natuurlijk type in de beschouwing van een ster. Hij die haar direct en intens aanschouwt, ziet weliswaar de ster, maar het is de ster zonder straal – terwijl hij die hem minder onderzoekend bekijkt zich bewust is van alles waarvoor de ster voor ons beneden nuttig is – zijn schittering en zijn schoonheid.

✶ ✶ ✶ ✶ ✶

Wat Wordsworth betreft, ik heb geen vertrouwen in hem. Dat hij in zijn jeugd de gevoelens van een dichter had, geloof ik – want er zijn glimpen van extreme fijngevoeligheid in zijn geschriften – (en delicatesse is het koninkrijk van de dichter zelf – zijn El Dorado) – maar ze hebben de schijn van een betere dag herinnerd; en een glimp is op zijn best weinig bewijs van het huidige poëtische vuur - we weten dat er dagelijks een paar slingerende bloemen opkomen in de spleten van de lawine.

Het was zijn schuld dat hij zijn jeugd verslijt in contemplatie met het einde van het poëtiseren in zijn mannelijkheid. Met de toename van zijn oordeel is het licht dat het zichtbaar zou moeten maken, vervaagd. Zijn oordeel is dan ook te juist. Dit is misschien niet te begrijpen, maar de oude Goten van Duitsland zouden het hebben begrepen, die twee keer debatteerden over zaken die van belang waren voor hun staat, een keer als ze dronken waren en een keer als ze nuchter waren - nuchter om niet tekort te schieten in formaliteit - dronken om te voorkomen dat ze zonder kracht zouden zijn.

De lange, langdradige discussies waarmee hij ons probeert te beredeneren tot bewondering voor zijn poëzie, spreken heel weinig in zijn voordeel: ze staan vol met beweringen als deze - (ik heb willekeurig een van zijn bundels geopend) "Van genialiteit is het enige bewijs de daad van goed doen wat waardig is om gedaan te worden, en wat nog nooit eerder was gedaan" - inderdaad! dan volgt daaruit dat bij het doen van wat onwaardig is om te doen, of wat eerder is gedaan, geen genie kan worden getoond: toch is het plukken van zakken een onwaardige daad, zakken zijn sinds onheuglijke tijden geplukt, en Barrington, de zakkenroller, op het punt van genialiteit, zou hard hebben gedacht aan een vergelijking met William Wordsworth, de dichter.

Nogmaals: bij het beoordelen van de verdienste van bepaalde gedichten, of ze nu van Ossian of van M'Pherson zijn, kan zeker van weinig belang zijn, maar om hun waardeloosheid te bewijzen, heeft W. vele bladzijden aan de controverse besteed. Tantæne animis? Kunnen grote geesten tot zo'n absurditeit afdalen? Maar erger nog: om elk argument ten gunste van deze gedichten te kunnen weerleggen, sleept hij triomfantelijk een passage naar voren, in zijn gruwel waarvan hij verwacht dat de lezer meevoelt. Het is het begin van het epische gedicht 'Temora'. "De blauwe golven van Ullin rollen in het licht; de groene heuvels zijn bedekt met dag; Bomen schudden hun schemerige hoofden in de wind." En dit — deze prachtige, maar eenvoudige beeldspraak — waar alles leeft en hijgt van onsterfelijkheid — dan welke aarde niets grootsers heeft, noch een mooier paradijs — dit — William Wordsworth, de schrijver van Peter Bell, heeft uitgekozen om zich te verheerlijken met zijn keizerlijke minachting. We zullen zien wat hij in zijn eigen persoon beter te bieden heeft. Imprimis:

*"En nu is ze aan het hoofd van de pony,
En nu zit ze achter de hond aan,
Aan die kant nu, en nu aan deze,
En verstikte haar bijna van gelukzaligheid -*

> *Een paar droevige tranen vergiet Betty,*
> *Ze klopt op de pony waar of wanneer*
> *Ze weet het niet: gelukkige Betty Foy!*
> *O Johnny! laat de dokter maar zitten!"*

Ten tweede:

> *"De dauw viel snel, de - sterren begonnen te knipperen,*
> *Ik hoorde een stem, die zei: — drinken, mooi schepsel, drinken;*
> *En kijkend naar de heg, wees - voor mij zag ik*
> *Een sneeuwwit berglam met een jonkvrouw aan zijn zijde,*
> *Er waren geen andere schapen in de buurt, het lam was helemaal alleen,*
> *En door een slank koord was - vastgebonden aan een steen."*

Nu twijfelen we er niet aan dat dit allemaal waar is; we zullen het geloven, we zullen het inderdaad doen, meneer W. Is het sympathie voor de schapen die je wilt opwinden? Ik hou van een schaap uit de grond van mijn hart.

☆ ☆ ☆ ☆ ☆

Maar er zijn gelegenheden, beste B———, er zijn gelegenheden waarin zelfs Wordsworth redelijk is. Zelfs aan Stamboul, zo wordt gezegd, zal een einde komen, en de meest ongelukkige blunders moeten tot een einde komen. Hier is een uittreksel uit zijn voorwoord.

"Degenen die gewend zijn aan de fraseologie van moderne schrijvers, als ze volharden in het lezen van dit boek tot een conclusie (onmogelijk!) zal ongetwijfeld moeten worstelen met gevoelens van onhandigheid; (ha! ha! ha!) Ze zullen rondkijken naar poëzie (ha! ha! ha! ha!) en zullen ertoe worden gebracht te vragen door welk soort hoffelijkheid deze pogingen die titel hebben mogen aannemen. Ha! ha! ha! ha! ha!

Maar laat de heer W. niet wanhopen; hij heeft onsterfelijkheid gegeven aan een wagen, en de bij Sophocles heeft een zere teen vereeuwigd en een tragedie waardig gemaakt met een koor van kalkoenen.

☆ ☆ ☆ ☆ ☆

Over Coleridge kan ik niet anders spreken dan met eerbied. Zijn torenhoge intellect! zijn gigantische kracht! Om een door hemzelf geciteerde auteur te gebruiken: "Jai trouve souvent que la plupart des sectes ont raison dans une bonne partie de ce quelles avancent, mais non pas en ce quelles nient", en, om zijn eigen taal te gebruiken, hij heeft zijn eigen opvattingen aangetast door de barrière die hij heeft opgeworpen tegen die van anderen. Het is betreurenswaardig te bedenken dat zo'n geest begraven zou worden in metafysica, en, net als de Nyctanthes, zijn parfum alleen aan de nacht zou verspillen. Bij het lezen van de poëzie van die man sidder ik, als iemand die op een vulkaan staat, bewust, van de duisternis die uit de krater barst, van het vuur en het licht dat eronder broeit.

☆ ☆ ☆ ☆ ☆

Wat is poëzie? — Poëzie! dat Proteus-achtige idee, met evenveel benamingen als het negen titels tellende Corcyra! Geef mij, vroeg ik enige tijd geleden aan een geleerde, mij een definitie van poëzie? 'Tres volontiers', en hij ging naar zijn bibliotheek, bracht me een Dr. Johnson en overstelpte me met een definitie. Schaduw van de onsterfelijke Shakspeare! Ik stelde me de frons van je geestelijk oog voor bij de godslastering van die schunnige Ursa Major. Denk aan poëzie, beste B———, denk aan poëzie, en denk dan aan - Dr. Samuel Johnson! Denk aan alles wat luchtig en sprookjesachtig is, en dan aan alles wat afschuwelijk en onpraktisch is; denk aan zijn enorme omvang, de Olifant! en dan - en denk dan aan de Storm - de Midzomernachtsdroom - Prospero - Oberon - en Titania!

✫ ✫ ✫ ✫ ✫

Naar mijn mening is een gedicht tegenover een wetenschappelijk werk, omdat het als onmiddellijk voorwerp genot heeft, niet waarheid; tegenover de romantiek, doordat het een onbepaald in plaats van een bepaald genot tot object heeft , omdat het slechts een gedicht is voor zover dit doel is bereikt; romantiek die waarneembare beelden met bepaalde, poëzie met onbepaalde gewaarwordingen presenteert, Daartoe is muziek essentieel, aangezien het begrip van zoete klank ons meest onbepaalde begrip is. Muziek, wanneer gecombineerd met een plezierig idee, is poëzie; Muziek zonder het idee is gewoon muziek; Het idee zonder de muziek is proza vanuit zijn definitiefheid.

Wat werd er bedoeld met het scheldwoord tegen hem die geen muziek in zijn ziel had?" [[sic]]

✫ ✫ ✫ ✫ ✫

Om deze lange rompslomp samen te vatten, heb ik, beste B——, wat u ongetwijfeld waarneemt, voor de metafysische dichters, als dichters, de meest soevereine minachting. Dat ze volgelingen hebben, bewijst niets.

Geen Indiase prins heeft naar zijn paleis
Meer volgelingen dan een dief aan de galg.

INTRODUCTIE.

Romantiek, die houdt van knikken en zingen,
Met slaperige kop en gevouwen vleugel,
Tussen de groene bladeren terwijl ze schudden
Ver beneden in een schaduwrijk meer,
Voor mij een geschilderd paroquet
Is geweest - een zeer bekende vogel -
Leerde me mijn alfabet om te zeggen -
Om mijn allereerste woord te lispelen
Terwijl ik in het wilde bos was, lag ik
Een kind – met een zeer wetend oog.

Latere jaren, te wild om te zingen,
Dan rollen als tropische stormen voorbij,
Waar, tho de opzichtige lichten die vliegen
Stervend langs de onrustige hemel.

*Bloot leggen, door vergezichten die door de donder worden
gescheurd,
De duisternis van de algemene hemel,
Diezelfde zwartheid werpt nog steeds
Licht op de zilveren vleugel van de bliksem.*

*Want, als een luie jongen lang syne,
Die Anacreon las en wijn dronk,
Ik vond al vroeg Anacreon-rijmpjes
Waren soms bijna hartstochtelijk -
En door vreemde alchemie van de hersenen
Zijn genoegens veranderden altijd in pijn -
Zijn naïviteit ten opzichte van wild verlangen -
Zijn verstand om lief te hebben - zijn wijn om te vuur -
En dus, jong zijn en ondergedompeld in dwaasheid
Ik werd verliefd op melancholie,
En gebruikt om mijn aardse rust te werpen
En alles stil in scherts -
Ik kon niet liefhebben, behalve waar de Dood
Vermengde de zijne met de adem van Schoonheid -
Of maagdenvlies, tijd en lotsbestemming
Waren aan het stalken tussen haar en mij.*

*O, dan de eeuwige Condor-jaren
Zo beefde zelfs de hemel in den hoge,*

Met tumult terwijl ze voorbij denderden;
Ik had geen tijd voor nutteloze zorgen,
Thro' staren naar de onrustige hemel!
Of als een uur met rustigere vleugel
Het deed het op mijn geest,
Dat kleine uurtje met lier en rijm
Om weg te zijn - verboden ding!
Mijn hart was half bang om een misdaad te zijn
Tenzij het beefde met de snaar.

Maar nu heeft mijn ziel te veel ruimte -
Weg zijn de glorie en de somberheid -
Het zwart is verzacht tot grijs,
En alle vuren zijn aan het vervagen.

Mijn hartstocht is diep geweest -
Ik zwelgde, en ik zou nu slapen -
En na-dronkenschap van de ziel
Volgt de glorie van de schaal op -
Een ijdel verlangen dag en nacht
Om mijn hele leven weg te dromen.

Maar dromen - van hen die dromen zoals ik,
Strevend, worden verdoemd en sterven:

Maar moet ik zweren dat ik alleen bedoel,
Door noten zo erg schril geblazen,
Om te breken met de monotoon van de Tijd,
Terwijl nog mijn ijdele vreugde en verdriet
Zijn kleurloos van het gele blad —
Waarom niet een imp de grijsbaard hath,
Zal zijn schaduw op mijn pad schudden -
En zelfs de grijsbaard zal er uitzien
Achterbaks mijn droomboek.

AAN HELEN.

Helena, jouw schoonheid is voor mij
Net als die Niceaanse blaffen van weleer,
Dat zachtjes, o'er een parfumerende zee,
De vermoeide, versleten zwerver droeg
 Naar zijn eigen geboortekust.

Op wanhopige zeeën die al lang gewoon zijn om rond te zwerven,
 Je hyacintenhaar, je klassieke gezicht,
 Uw Najad-airs hebben me thuis gebracht
Naar de schoonheid van het mooie Griekenland,
 En de grandeur van het oude Rome.

 Lo! in die kleine raamnis
Hoe standbeeldachtig zie ik u staan!
De gevouwen boekrol in uw hand -
 Een Psyche uit de regio's die
  Zijn Heilig land!

ISRAFEL.*

I.

In de hemel woont een geest
Wiens hartsnaren een luit zijn -
Niemand zingt zo wild - zo goed
Zoals de engel Israfel —
En de duizelingwekkende sterren zijn stom.

II.

Wankelend boven
In haar hoogste middag
De verliefde maan
Bloost van liefde —
Terwijl, om te luisteren, de rode levin
Pauzeert in de hemel.

*En de engel Israfel die de
zoetste stem van al Gods schepselen.
— KORAN.

III.

En ze zeggen (het sterrenkoor
En al het luisteren)
Dat Israfeli's vuur
Is te danken aan die lier
Met die ongewone snaren.

IV.

Maar de hemel die engel betrad
Waar diepe gedachten een plicht zijn -
Waar liefde een volwassen god is -
Waar de blikken van Houri zijn ⸺
⸺ Blijf! Wend uw ogen af! ⸺
Doordrenkt met al het moois
Die wij aanbidden in yon star.

V.

Gij zijt dus niet ongelijk
Israfeli, die veracht
Een onbewogen lied:
Aan u komen de lauweren toe
Beste bard, - omdat de wijste.

VI.

De extases [[extases]] hierboven
Met uw brandende maatregelen passen -
Uw verdriet - als dat er al is - uw liefde
Met de vurigheid van uw luit -
Mogen de sterren stom zijn!

VII.

Ja, de hemel is de uwe, maar deze
Is een wereld van zoetigheden en zuur:
Onze bloemen zijn slechts - bloemen,
En de schaduw van uw gelukzaligheid
Is de zonneschijn van ons.

VIII.

Als ik woonde waar Israfel
Heeft gewoond, en hij waar ik,
Hij zou niet half zo goed zingen -
De ene helft zo hartstochtelijk,
En een stormachtiger toon dan deze zou aanzwellen
Van mijn lier in de lucht.

DE GEDOEMDE STAD.

Lo! De dood heeft zich op een troon gevestigd
In een vreemde stad, helemaal alleen,
Ver in het schemerige westen -
En het goede, en het slechte, en het slechtste, en het beste,
Zijn naar hun eeuwige rust gegaan.

Er zijn heiligdommen, paleizen en torens
Zijn - niet zoals iets van ons -
O! nee — O! Nee - de onze doemt nooit op
Naar de hemel met die goddeloze somberheid!
Versleten torens die niet beven!
Rondom, door het opheffen van winden vergeten,
Gelaten onder de hemel
De melancholische wateren liggen.

Een hemel die God niet veroordeelt
Met sterren is als een diadeem -
We vergelijken de ogen van onze dames met hen -

Maar daar! die eeuwige sluier!
Het zou een aanfluiting zijn om te noemen
Wat een troosteloosheid is het helemaal niet.

Toch komen er geen heilige stralen naar beneden
In de lange nacht van die stad,
Licht uit de lugubere, diepe zee
Stroomt geruisloos door de torentjes -
Omhoog tronen - omhoog lang vergeten prieeltjes
Van gebeeldhouwde klimop en stenen bloemen —
Koepels omhoog — torenspitsen omhoog — koninklijke zalen —
Omhoog waaiers - omhoog Babylon-achtige muren -
Menig melancholisch heiligdom op
Waarvan het hoofdgestel met elkaar verweven is
Het masker, de - de viool - en de wijnstok.

Daar open tempels - open graven
Zijn op gelijke hoogte met de golven -
Maar niet de rijkdommen die daar liggen
In het diamanten oog van elk idool.
Niet de vrolijk gejuwelde doden
Verleid de wateren vanuit hun bed:
Voor geen rimpels krullen, helaas!
Langs die wildernis van glas -

Er zijn geen zwellingen, wat erop wijst dat er wind kan zijn
Op een gelukkiger zee in de verte:
Dus meng daar de torentjes en schaduwen
Die allemaal hangend lijken in de lucht,
Terwijl vanaf de hoge torens van de stad
De dood kijkt gigantisch naar beneden.

Maar zie! Er hangt opschudding in de lucht!
De golf! Er is daar een rimpeling!
Alsof de torens opzij waren gegooid,
Bij licht zinken, het doffe getij -
Alsof de toppen van de torentjes hadden meegegeven
Een vacuüm in de filmhemel:
De golven hebben nu een rodere gloed -
De uren zelf ademen laag -
En wanneer, zonder aards gekreun,
Beneden, daar zal die stad zich vestigen,
De hel rijst op uit duizend tronen
Zal het eerbied bewijzen,
En dood aan een gelukkiger klimaat
Zal zijn onverdeelde tijd geven.

SPROOKJESLAND.

Kom naast me zitten, Isabel,
Hier, liefste, waar de maanstraal viel
Alleen nu zo sprookjesachtig en nou ja.
Nu ben je gekleed voor het paradijs!
Ik ben door sterren getroffen met uw ogen!
Mijn ziel hangt van uw zuchten!
Uw haar wordt opgetild door de maan
Als bloemen bij de zachte adem van juni!
Ga zitten, ga zitten - hoe zijn we hier gekomen?
Of is het alles behalve een droom, mijn liefste?

Je kent die enorme bloem -
Die roos – dat hoe noem je het – die hing
Als een hondsster in dit prieel -
Vandaag (de wind blies, en) zwaaide het

Zo onbeschaamd in mijn gezicht,
Dus als een levend ding, weet je,
Ik scheurde het van zijn ereplaats
En schudde het in stukken - dus
Wees alle ondankbaarheid beantwoord.
De wind ging er verrukt mee vandoor,
En, thro' de opening links, zo snel mogelijk
Toen ze haar mantel afwierp, jon maan
Heeft een straal naar beneden gestuurd met een deuntje.

En deze straal is een sprookjesrog -
Heb je dat niet gezegd, Isabel?
Hoe fantastisch viel het
Met een spiraalvormige draaiing en een deining,
En over het natte gras golfde weg
Met een rinkelend geluid als een klok!
In mijn eigen land helemaal
We kunnen een maanstraal ontdekken
Die door sommige aan flarden gescheurde gordijnen wrikken
In de duisternis van een kamer,
Is door (de bron van somberheid)
De motten, en stof, en vliegen,
Waarop het beeft en ligt
Als vreugde op verdriet!

O, wanneer zal de dag van morgen komen?
Isabel! Ben je niet bang
De nacht en de wonderen hier?
Dim valleien! en schaduwrijke overstromingen!
En troebel uitziende bossen
Wiens vormen we niet kunnen ontdekken
Voor de tranen die overal druipen!

Enorme manen - zie je! Wassen en afnemen
Opnieuw — opnieuw — opnieuw —
Elk moment van de nacht —
Voor altijd van plaats veranderen!
Hoe ze het sterrenlicht doven
Met de adem van hun bleke gezichten!

Lo! Eentje komt naar beneden
Met het midden op de kruin
Van de verhevenheid van een berg!
Naar beneden - nog steeds naar beneden - en naar beneden -
Nu zal er diep zijn - o diep!
De passie van onze slaap!
Voor die brede omtrek
In gemakkelijke draperie valt
Slaperig over hallen —

Over verwoeste muren —
Over watervallen,
(Stille watervallen!)
O zijn de vreemde bossen - o'er de zee -
Helaas! over de zee!

IRENE.

'*t Is nu (zo zingt de zwevende maan)*
Middernacht in de zoete maand juni,
Wanneer gevleugelde visioenen graag liegen
Lui op het oog van de schoonheid,
Of erger - op haar voorhoofd om te dansen
In wapenrusting van oude romantiek,
Tot er gedachten en sloten overblijven, helaas!
Een nog niet te ontwarren massa.

Een invloed bedauwd, slaperig, zwak,
Druipt van die gouden rand;
Grijze torens vermolmd tot rust,
De mist om hun borst wikkelen:
Eruit zien als Lethe, zie je! Het meer
Een bewuste sluimer lijkt te nemen,
En zou de wereld niet wakker worden:

De rozemarijn slaapt op het graf -
De lelie slingert op de golf -
En [[a]] miljoen heldere dennen heen en weer,
Wiegen slaapliedjes terwijl ze gaan,
Naar de eenzame eik die wankelt van gelukzaligheid,
Knikkend boven de schemerige afgrond.

Alle schoonheidsslaapjes: en zie! Waar ligt
Met openslaande deuren open naar de hemel,
Irene, met haar lotsbestemmingen!
Zo zoemt de maan in haar oor,
"O dame lief! Hoe ben je hier gekomen?
"Vreemd zijn uw oogleden - vreemd uw kleding!
"En vreemd, uw glorieuze lengte van de bomen!
"Zeker, gij zijt gekomen van verre zeeën,
"Een wonder voor onze woestijnbomen!
"Een zachte wind heeft het goed gevonden
"Om uw raam te openen voor de nacht,
"En baldadige lucht vanuit de boomtop,
"Lachend door de tralieval,
"En zwaai met dit karmozijnrode baldakijn,
"Als een banier voor uw dromend oog!
"Dame, ontwaakt! Dame ontwaakt!
"Ter wille van de heilige Jezus!

"Want vreemd genoeg - angstig in deze zaal
"Mijn getinte schaduwen stijgen en dalen!"

De dame slaapt: de doden slapen allemaal -
Tenminste zolang de Liefde weent:
Verrukt, de geest houdt ervan om te liegen
Zolang - tranen op het oog van het geheugen:
Maar als er een week of twee voorbijgaan,
En het lichte gelach verstikt de zucht,
Verontwaardigd uit het graf neemt
Zijn weg naar een herinnerd meer,
Waar vaak – in het leven – met vrienden – ging het heen
Om te baden in het zuivere element,
En daar, uit het onbetreden gras,
Worstelen om zijn transparante wenkbrauw
Die bloemen die zeggen (ah, hoor ze nu!)
Naar de nachtwinden als ze voorbijgaan,
"Ai! ai! helaas! — Helaas!"
Poriën voor een moment, voordat het gaat,
Op het heldere water daar dat stroomt,
Zinkt dan naar binnen (gebukt onder wo)
De onzekere, schimmige hemel beneden.
✻ ✻ ✻ ✻ ✻ ✻

De dame slaapt: oh! Moge haar slapen
Als het duurt, wees zo diep -
Geen ijzige wormen over haar griezel:
Ik bid tot God dat ze mag liegen
Voor altijd met een even kalm oog,
Die kamer veranderde voor nog een heilige -
Dat bed voor nog een melancholie.

Ver in het bos, schemerig en oud,
Moge zich voor haar een groot gewelf ontvouwen,
Tegen wiens klinkende deur zij heeft geworpen,
In de kindertijd werd menig nutteloze steen -
Een of ander graf, dat dikwijls zijn zwart heeft geworpen
En vampier-gevleugelde panelen terug,
Flutt'ring triomfantelijk o'er de palls
Van haar oude familiebegrafenissen.

Een PÆAN.

I.

Hoe moet de begrafenisrite worden gelezen?
Het plechtige lied wordt gezongen?
Het requiem voor de mooiste doden,
Die ooit zo jong gestorven is?

II.

Haar vrienden staren naar haar,
En op haar opzichtige baar,
En huil! — Oh! om te onteren
Dode schoonheid met een traan!

III.

Ze hielden van haar om haar rijkdom -
En ze haatten haar om haar trots -
Maar ze groeide in zwakke gezondheid,
En ze houden van haar - dat ze stierf.

IV.

Ze vertellen het me (terwijl ze praten
Van haar "kostbare broider'd pall")
Dat mijn stem zwak wordt -
Dat ik helemaal niet zou zingen -

V.

Of dat mijn toon zou moeten zijn
Afgestemd op zo'n plechtig lied
Zo treurig - zo treurig,
Opdat de doden zich niet onrecht voelen.

VI.

Maar ze is naar boven gegaan,
Met de jonge Hope aan haar zijde,
En ik ben dronken van liefde
Van de doden, wie is mijn bruid. —

VII.

Van de doden - doden die liegen
Allemaal geparfumeerd daar,
Met de dood op haar ogen,
En het leven op haar haar.

VIII.

Zo luid en lang op de kist
Ik sla toe - het gemompel verzonden
Door de grijze kamers naar mijn lied,
Zal de begeleiding zijn.

IX.

Gij stierf in de juni van uw leven,
Maar je bent niet al te schoon gestorven.
Gij zijt niet te vroeg gestorven,
En ook niet met een al te kalme lucht.

X.

Van meer dan duivels op aarde,
Uw leven en liefde zijn verscheurd,
Om je aan te sluiten bij de onbezoedelde vrolijkheid
Van meer dan tronen in de hemel -

XII. [[XI.]]

Daarom, aan u deze nacht
Ik zal geen requiem opheffen,
Maar zweef u op uw vlucht,
Met een Paean uit oude tijden.

DE VALLEI NIS.

―――――

*Ver weg — ver weg —
Ver weg - voor zover tenminste
Ligt die vallei als de dag
Beneden in het gouden oosten -
Alle dingen lieflijk - zijn ze niet
Ver weg — ver weg?*

*Het wordt de vallei Nis genoemd.
En er is een Syrisch verhaal
Daarover heeft de Tijd gezegd
Wordt niet geïnterpreteerd.
Iets over Satans pijl -
Iets met engelenvleugels -
Veel over een gebroken hart —
Alles over ongelukkige dingen:*

Maar "de vallei Nis" op zijn best
Betekent 'de vallei van onrust'.

Eens lachte het een stille dell
Waar het volk niet woonde,
Na naar de oorlogen te zijn gegaan -
En de sluwe, mysterieuze sterren,
Met een gezicht vol betekenis,
O'er de onbewaakte bloemen leunden:
Of de zonnestraal droop helemaal rood
Thro' de tulpen boven je hoofd,
Werd toen bleker naarmate het viel
Op de rustige Asphodel.

Nu zullen de ongelukkigen bekennen
Niets is er onbeweeglijk:
Helena, als je menselijk oog
Daar liggen de onrustige viooltjes -
Daar wuift het rietgras
Over het oude vergeten graf —
Een voor een vanuit de boomtop
Daar vallen de eeuwige dauw -
Daar de vage en dromerige bomen

Rol toch als zeeën in de noordelijke bries
Rond de stormachtige Hebriden —
Daar vliegen de prachtige wolken,
Eeuwig ritselend,
Door de door terreur geteisterde lucht,
Rollend als een waterval
De vurige muur van de horizon -
Daar schijnt de maan 's nachts
Met een zeer onvast licht —
Daar dobbert de zon overdag
"Over de heuvels en ver weg."

AL AARAAF.

Wat heeft nacht met slaap te maken?

COMUS

Tycho Brahe ontdekte een ster die in een oogwenk uitbarstte met een pracht die die van Jupiter overtrof – en vervolgens geleidelijk vervaagde en onzichtbaar werd voor het blote oog.

[Sonnet - Aan de wetenschap]

WETENSCHAP! ontmoet dochter van de oude tijd, gij zijt
Die alle dingen verandert met uw turende ogen!
Waarom jaagt gij zo op het hart van de dichter,
Gier! wier vleugels doffe werkelijkheden zijn!
Hoe zou hij u liefhebben – of hoe zou hij u wijs achten
Wie zou hem niet verlaten, op zijn zwerftocht,
Om een schat te zoeken in de juwelenlucht
Hoewel, hij zweeft met een onverschrokken vleugel?
Heb je Diana niet uit haar auto gesleept?
En drijf de Hamadryad uit het bos
Om een schuilplaats te zoeken in een gelukkiger ster?
De zachte Najade uit haar fontein?
De elf uit het groene gras? En van mij
De zomerdroom onder de struiken?

AL ARAAF [[AARAAF]].

DEEL EERST.

Mysterieuze ster!
Gij waart mijn droom
Allemaal een lange zomernacht -
Wees nu mijn thema!
Bij deze heldere stroom,
Over u zal ik schrijven;
Ondertussen vanuit de verte
Baad me in het licht!

Uw wereld heeft niet het schuim van de onze,
Maar al het moois - alle bloemen
Die onze liefde opsommen, of onze prieeltjes dekken
In dromerige tuinen, waar lig je
Dromerige meisjes de hele dag,

Terwijl de zilveren winden van Circassy
Op violette banken vallen flauw.

Weinig - oh! Weinig woont in u
Zoals wat we in hemelsnaam zien:
Het oog van de schoonheid is hier het blauwst
In de meest valse en onware -
Op de zoetste lucht zweeft
De meest droevige en plechtige noot -
Als bij u gebroken harten zijn,
Vreugde gaat zo vredig heen,
Dat zijn echo nog steeds woont,
Zoals het geruis in de schelp.
Jij! Uw Ware Soort van Verdriet
Is het zacht vallende blad —
Jij! Uw omlijsting is zo heilig
Verdriet is geen melancholie.

't Was een zoete tijd voor Nesace - want daar
Haar wereld lag te hangen in de gouden lucht,
In de buurt van vier heldere zonnen - een tijdelijke rust -
Een tuinplek in de woestijn van de gezegende.

Weg - weg - 'midden in de zeeën van stralen die rollen
Empyreïsche pracht van de ontketende ziel -

De ziel die schaars is (de golven zijn zo dicht)
Kan worstelen tot zijn voorbestemde verhevenheid -
Naar verre sferen, van tijd tot tijd, reed ze,
En laat bij ons, de begunstigde van God -
Maar nu, de heerser van een verankerd rijk,
Ze werpt de scepter opzij - verlaat het roer,
En, te midden van wierook en hoge geestelijke hymnen,
Laves in viervoudig licht haar engelenledematen.

Nu is het gelukkigst, het lieflijkst op je mooie aarde,
Waaruit het 'idee van schoonheid' ontstond,
(Valt in kransen door menige geschrokken ster,
Als vrouwenhaar midden in parels, totdat, in de verte,
Het lichtte op de heuvels van Achaïsch, en daar woonde)
Ze keek in het oneindige - en knielde.
Rijke wolken, als baldakijnen, om haar heen gekruld -
Passende emblemen van het model van haar wereld —
Gezien maar in schoonheid - het zicht niet belemmerend
Van andere schoonheid die glinstert door het licht -
Een krans die elke sterrenvorm omkronkelde,
En al de opaallucht in kleur gebonden.

Haastig knielde ze neer op een bed
Van bloemen: van lelies zoals achterhoofd

Op de kermis Capo Deucato, en sprong*
Zo gretig rondlopen op het punt om op te hangen
In de vliegende voetstappen van - diepe trots -
Van haar die een sterveling liefhad†en zo stierf -
De Sefhalica, ontluikend met jonge bijen,
Zijn paarse steel om haar knieën -
En gemmy bloem,‡van Trebizonde ten onrechte genoemd —
Gevangene van de hoogste sterren, waar het vroeger schijnde
Alle andere lieflijkheid: zijn gezoete dauw
(De legendarische nectar die de heidenen kenden)
Uitzinnig zoet, werd uit de hemel gedropt,
En viel op de tuinen van de onvergeeflijke
In Trebizonde, en op een zonnige bloem
Dus als zijn eigen daarboven, tot op dit uur,
Het blijft nog steeds, het martelen van de bij
Met waanzin en ongewone mijmering -
In de hemel, en al zijn omringen, het blad
En bloesem van de feeënplant, in verdriet
Troosteloos blijven hangen - verdriet dat haar ophangt, hij
[[hoofd,]]
Berouwvolle dwaasheden die al lang gevlucht zijn,
Haar witte borst deinend in de zwoele lucht

---

*Op Santa Maura — olim Deucadia.
†Sappho
‡Deze bloem wordt veel opgemerkt door Lewehoeck en Tournefort. De bij, die zich voedt met zijn bloesem, raakt bedwelmd.

Als schuldige schoonheid, getuchtigd en eerlijker -
Nyctanthes ook, zo heilig als het licht
Ze is bang om te parfumeren, de nacht te parfumeren -
En Clytia*peinzend tussen menige zon,
Terwijl kleine tranen langs haar bloemblaadjes lopen -
En die aspirant-bloem†die op aarde sprong -
En stierf, voordat nauwelijks verheven tot geboorte,
Zijn geurig hart in geest tot vleugel barstend
Zijn weg naar de hemel, vanuit de tuin van een koning -
En Valisneriaanse lotus‡daarheen gevlogen
Van het worstelen met het water van de Rhône -
En je mooiste paarse parfum, Zante!§
Isola d'oro! — Fior di Levante! —
En de Nelumbo-knop ||die voor altijd drijft
Met Indiase Cupido langs de heilige rivier -

---

*Clytia – De Chrysanthemum Peruvianum, of, om een bekender term te gebruiken – de turnsol die zich voortdurend naar de zon richt en zich, evenals Peru, het land waar hij vandaan komt, bedekt met bedauwde wolken die zijn bloemen koelen en verfrissen tijdens de hevigste hitte van de dag. — B. de. St. Pierre.
†In de tuin van de koning, in Parijs, wordt een soort serpentijnkleurige aloë zonder stekels gekweekt, waarvan de grote en mooie bloem een sterke geur van vanille uitademt, gedurende de tijd van zijn expansie, die zeer kort is. Het waait pas tegen de maand juli – je ziet dan dat het geleidelijk zijn bloemblaadjes opent – ze uitbreidt – verwelkt en sterft – St. Pierre.
‡In de Rhône wordt een prachtige lelie gevonden, van de Valisneriaanse soort. Zijn stengel zal zich uitstrekken tot een lengte van drie of vier voet - waardoor zijn hoofd boven water blijft in de zwelling van de rivier.
§De Hyacint.
||Het is een fictie van de Indianen, dat Cupido voor het eerst werd gezien drijvend in een van deze langs de rivier de Ganges - en dat hij nog steeds houdt van de wieg van zijn jeugd.

Eerlijke bloemen, en fee! aan wie de zorg wordt verleend
Om het lied van de godin te dragen,*in geuren, tot in de hemel —

"Geest! die het meest woont waar
In de diepe lucht,
De verschrikkelijke en eerlijke,
In schoonheid vie!
Voorbij de blauwe lijn —
De grens van de ster
Die zich omdraait bij het uitzicht
Van uw barrière en uw grendel -
Van de overwonnen barrière
Door de kometen die werden gegoten
Van hun trots, en van hun troon
Om te zwoegen tot het laatst -
Om dragers van vuur te zijn
(Het vuur van hun hart)
Met een snelheid die misschien niet moe wordt
En met pijn die niet zal scheiden -
Wie leeft — dat weten we —
In de eeuwigheid — voelen we —

---

*En gouden flesjes vol geuren, dat zijn de gebeden van de heiligen. — Ds. St. John.

Maar de schaduw van wiens voorhoofd
Welke geest zal zich openbaren?
Hoewel de wezens die uw Nestace zijn,
Uw boodschapper heeft het geweten
Heb gedroomd voor je oneindigheid
Een model*van hun eigen —

Uw wil geschiede, O! God!
De ster heeft hoog gereden
Door menige storm, maar ze reed
Onder uw brandende oog:
En hier, in gedachten, tot u -
In gedachten die alleen kunnen

---

*De humanitairen waren van mening dat God moest worden opgevat als iemand die werkelijk een menselijke vorm had. — Zie Clarke's Sermons, vol. 1, pagina 26, fol. edit.

De strekking van Miltons betoog brengt hem ertoe taal te gebruiken die op het eerste gezicht lijkt te grenzen aan hun leer; maar het zal onmiddellijk duidelijk zijn dat hij zich wapent tegen de beschuldiging dat hij een van de meest onwetende dwalingen van de donkere middeleeuwen van de kerk heeft aangenomen. Dr. Summers' Aantekeningen over Milton's Christelijke Leer.

Deze mening kan, ondanks vele getuigenissen van het tegendeel, nooit erg algemeen zijn geweest. Andeus, een Syriër uit Messopotamië, werd voor zijn mening als ketters veroordeeld. Hij leefde in het begin van de vierde eeuw. Zijn discipelen werden Antropmorfieten genoemd. — Vide du pin.

Onder de gedichten van Milton zijn deze regels:

Dicite sacrorum præsides nemorum Deæ, &c.
Quis ille primus cujus ex imagine
Natura solers finxit humanum geslacht?
Eternus, incorruptus, æquævus polo
Unusque et universus exemplar Dei. — En daarna,
Non cui profundum Cæcitas lumen dedit
Dircæus augur vidit hunc alto sinu, &c.

Beklim uw rijk, en zo zij
Een deelgenoot van uw troon -
Door gevleugelde Fantasie,*
Mijn ambassade is gegeven
Tot geheimhouding [[geheimhouding]] zal kennis zijn
In de omgeving van de hemel."

Ze hield op - en begroef toen haar brandende wang
Abash'd, te midden van de lelies daar, om te zoeken
Een beschutting tegen de vurigheid van zijn oog,
 Want de sterren beefden voor de Godheid.
Ze roerde zich niet, ademde niet, want er was een stem
 Hoe plechtig doordringt de kalme lucht!
Een geluid van stilte op het geschrokken oor
Welke dromerige dichters 'de muziek van de sfeer' noemen.
Onze wereld is een wereld van woorden: Stil noemen we
 "Stilte" — dat is het allerste woord —
Hier spreekt de natuur, en ev'n ideale dingen
Flap schimmige geluiden van visionaire vleugels -
Maar ach! Niet zo wanneer men zich dus in de Rijken van den
 Hoge bevindt
De eeuwige stem van God gaat voorbij;

---

*Seltsamen Tochter Jovis
Seinem Schosskinde
Der Phantasie. — Goethe.

En de rode winden verdorren in de lucht!
"Wat als in werelden die onzichtbaar zijn*Cycli lopen
Gekoppeld aan een klein systeem, en één zon
Waar al mijn liefde dwaasheid is en de menigte
Denk nog steeds aan mijn verschrikkingen, maar de donderwolk,
De storm, de aardbeving en de toorn van de oceaan -
(Ach, zullen ze me kruisen op mijn boze pad?)
Maar in werelden die een enkele zon bezitten
Het zand van de tijd wordt zwakker terwijl het loopt,
Maar van U is mijn luister, zo gegeven
Om mijn geheimen door de hogere hemel te dragen:
Verlaat uw fysieke woning zonder huurder en vlieg,
Met heel uw sleep, dwars door de maanhemel -
Apart - als vuurvliegjes†in de Siciliaanse nacht,
En vleugel naar andere werelden een ander licht;
Onthul de geheimen van uw gezantschap
Aan de trotse bollen die fonkelen - en zo zijn
Voor elk hart een barrière en een verbod
Opdat de sterren niet wankelen in de schuld van de mens."

---

*Zichtloos - te klein om gezien te worden. — Legge.
†Ik heb vaak een eigenaardige beweging van de vuurvlieg opgemerkt. Ze zullen zich verzamelen in een lichaam en vanuit een gemeenschappelijk centrum wegvliegen in ontelbare stralen.

Omhoog rees het meisje op in de gele nacht,
De vooravond van één maan - op aarde benarde we
Ons geloof aan één liefde - en één maan aanbidt -
De geboorteplaats van de jonge Belle had er niet meer.
Toen sprong die gele ster uit sombere uren
Omhoog rees het meisje op uit haar heiligdom van bloemen,
En gebogen over de glanzende berg, en de vage vlakte
Haar weg — maar verliet haar Therasaean nog niet[[†]] regeren.

---

†Therasae, of Therasea, het eiland dat door Seneca werd genoemd en dat in een oogwenk uit de zee oprees voor de ogen van verbaasde zeelieden.

AL AARAAF.

TWEEDE DEEL.

Hoog op een berg geëmailleerd hoofd -
Zoals de slaperige herder op zijn bed
Van reusachtige weide die op zijn gemak ligt,
Hij heft zijn zware ooglid op, begint en ziet
Met menig gemompeld "hoop op vergeving"
Hoe laat de maan aan de hemel viermaal staat -
Van rozig hoofd dat, ver weg torent
In de zonovergoten ether, ving de straal op
Van verzonken zonnen aan de vooravond, op het middaguur van
de nacht,
Terwijl de maan danste met het schone vreemdelingslicht -
Achterop zo'n hoogte verrees een stapel
Van prachtige zuilen in de onuitputtelijke lucht,
Flitsend uit Parisch marmer die dubbele glimlach

Ver beneden op de golf die daar schitterde,
En zoogde de jonge berg in zijn hol:
Van gesmolten sterren*hun bestrating, zoals vallen
Door de ebon lucht, verzilverend de sluier
Van hun eigen ontbinding, terwijl ze sterven -
Sieren dan de woningen van de hemel:
Een koepel, door verbonden licht uit de hemel neergelaten,
Zat zachtjes op deze zuilen als een kroon -
Een raam van een cirkelvormige diamant, daar,
Kijk naar boven in de paarse lucht,
En stralen van God schoten die meteoorketen neer
En al het moois nog twee keer verheerlijkt,
Bewaar wanneer, tussen de Empyrean en die ring,
Een gretige geest fladderde met zijn schemerige vleugel:
Maar op de pilaren hebben Serapijnen ogen gezien
De schemering van deze wereld: dat grijsgroen
Dat de natuur het beste houdt van het graf van de schoonheid
Schuil in elke kroonlijst, rond elke architraaf -
En elke sculptur'd cherubijn daaromheen
Die vanuit zijn marmeren woning naar buiten tuurde
Scheen aards in het ondiepe van zijn nis -
Achaïsche beelden in een wereld die zo rijk is?

---

*Een ster die, vanaf het verwoeste dak
Van de geschudde Olympus, bij toeval, viel - Milton.

Friezen uit Tadmor en Persepolis
Van Balbec, en uw [[de]] stilzwijgende, heldere afgrond
Te mooi Gomorra! O[[!]] de golf*
Het is nu voor u, maar te laat om te redden! —

Geluid houdt ervan om te zwelgen in de buurt van een zomernacht:
Wees getuige van het geruis van de grijze schemering
Die stal op het oor, in Eyraco,†
Van menig wilde sterrenkijker lang geleden -
Die altijd aan het oor van hem steelt
Die, mijmerend, staart naar de vage verte,
En ziet de duisternis aankomen als een wolk -
Is niet zijn vorm – zijn stem‡ — het meest tastbaar en luidruchtig?

Maar wat is dit? — het komt — en het brengt
Een muziek erbij - het is het ruisen van vleugels -

---

*"Oh! de golf" — Ula Degusi is de Turkse benaming; maar aan zijn eigen oevers wordt het Bahar Loth of Almotanah genoemd. Er waren ongetwijfeld meer dan twee steden ingeklemd in de "dode zee". In het dal van Siddim waren er vijf: Adrah, Zeboin, Zoar, Sodom en Gomorra. Stefanus, uit Byzantium, noemt er acht, en Strabo, dertien, (verzwolgen) – maar de laatste is buiten alle redelijkheid.
Er wordt gezegd (Tacitus, Strabo, Josephus, Daniel, van St. Saba, Nau, Maundrell, Troilo, D'Arvieux) dat na een buitensporige droogte de overblijfselen van zuilen, muren, enz. boven de oppervlakte worden gezien. In elk seizoen kunnen zulke overblijfselen worden ontdekt door naar beneden te kijken in het transparante meer, en op zulke afstanden dat het bestaan van vele nederzettingen in de ruimte die nu door de 'Asphaltieten' wordt toegeëigend, zou kunnen worden aangetoond.
†Eyraco — Chaldea.
‡Ik heb vaak gedacht dat ik het geluid van de duisternis duidelijk kon horen terwijl het over de horizon sloop.

Een pauze - en dan een vegende, dalende spanning,
En Nesace is weer in haar zalen:
Van de wilde energie van baldadige haast
Haar wang bloosde en haar lippen gingen uit elkaar;
En zone die zich om haar zachte taille klampte
Was gebarsten onder het deinen van haar hart:
In het midden van die zaal om te ademen
Ze pauzeerde en hijgde, Zanthe! alles daaronder —
Het sprookjesachtige licht dat haar gouden haar kuste,
En verlangde naar rust, maar kon daar alleen maar schitteren.

† [[*]] Jonge bloemen fluisterden in melodie,
Op blije bloemen die nacht - en boom aan boom;
Fonteinen gutsten muziek terwijl ze vielen
In menig met sterren verlicht bos, of door de maan verlichte vallei;
Toch kwam er stilte over materiële dingen -
Schone bloemen, heldere watervallen en engelenvleugels -
En alleen geluid dat uit de geest voortkwam
Droeg burthen tot de charme zong het meisje.

" 'Onder blauwe bel of wimpel -
Of gekuifde wilde spray

---

*Feeën gebruiken bloemen voor hun karakter - Merry Wives of Windsor. [[William Shakespeare]]

Dat bewaart, voor de dromer,
De maanstraal weg* —
Heldere wezens! die mijmeren,
Met halfsluitende ogen,
Op de sterren die je wonder
Heeft uit de hemel geteeken,
Tot ze door de schaduw heen kijken, en
Kom naar beneden naar je voorhoofd
Zoals —— ogen van het meisje
Wie doet er nu een beroep op je ...
Ontstaan! van je dromen
In violette prieeltjes,
Aan de plicht die betaamt
Deze door sterren verlichte uren —
En schud van je lokken
Beladen met dauw
De adem van die kussen
Dat hindert hen ook -
(O! hoe, zonder jou, Liefde!
Kunnen engelen gezegend zijn)?

---

*In de Schrift staat deze passage: "De zon zal u overdag geen kwaad doen, noch de maan 's nachts." Het is misschien niet algemeen bekend dat de maan in Egypte tot gevolg heeft dat ze blindheid veroorzaakt bij degenen die slapen met het gezicht blootgesteld aan haar stralen, op welke omstandigheid de passage duidelijk zinspeelt.

Die kussen van ware liefde
Die u tot rust bracht.
Omhoog! — schud van je vleugel
Elk belemmerend ding:
De dauw van de nacht -
Het zou uw vlucht verzwaren;
En ware liefde streelt -
O! laat ze uit elkaar,
Ze zijn licht op de lokken,
Maar wacht even op het hart.

Ligeia! Ligeia!
Mijn mooie!
Wiens hardste idee
Wil om melodie te laten lopen,
O! Is het uw wil?
Op de wind om te gooien?
Of, nog grillig,
Als de eenzame albatros,*
Verplicht in de nacht
(Als zij in de uitzending)
Om met verrukking de wacht te houden
Op de harmonie daar?

---

*Er wordt gezegd dat de Albatros op de vleugel slaapt.

Ligeia! waar
Uw beeld mag zijn,
Geen magie zal scheiden
Uw muziek van u:
Gij hebt vele ogen gebonden
In een dromerige slaap —
Maar de spanningen ontstaan nog steeds
Die uw waakzaamheid bewaart -
Het geluid van de regen
Die naar beneden springt naar de bloem,
En danst weer
In het ritme van de douche —
*Het geruis dat opwelt
Van het groeien van gras
Is de muziek van de dingen -
Maar zijn gemodell'd helaas! —
Weg, dan mijn liefste,
O! Hoi je weg,
Naar de bronnen die het helderst liggen
Onder de maanstraal —
Naar eenzaam meer dat lacht,

---

*Ik kwam op dit idee in een oud Engels verhaal, dat ik nu niet kan begrijpen, en citeer uit mijn hoofd: "De verie essentie, en, als het ware, springe-heade, en origine van alle muziekhe, is de verie pleasannte [[pleasaunte]] sounde die de bomen van het bos maken als ze groeien."

In zijn droom van diepe rust,
Op de vele sterreneilanden
Die zijn borst juwelen -
Waar wilde bloemen, kruipende,
Hebben hun schaduw vermengd,
Aan de rand ervan is slapen
Vol menig meid -
Sommigen hebben de koele open plek verlaten, en
Hebben geslapen met de bij*—
Wek ze op, mijn meisje,
Op heidevelden en lea —
Gaan! adem in hun slaap,
Alles zacht in het oor,
Het muzikale nummer
Ze sluimerden om te horen -
Voor wat kan ontwaken
Een engel zo snel,
Wiens slaap is genomen
Onder de koude maan,

---

*De wilde bij slaapt niet in de schaduw als er maanlicht is.

Het rijm in dit vers, zoals in een vers van ongeveer zestig regels eerder, heeft een schijn van aanstellerij. Het is echter geïmiteerd van Sir W. Scott, of liever van Claud Halcro – in wiens mond ik de uitwerking ervan bewonderde.

O! Was er een eiland,
Al is het zo wild,
Waar de vrouw zou kunnen glimlachen, en
Niemand laat zich verleiden, &c.

Als de betovering die niet sluimert
Van tovenarij kan testen,
Het ritmische getal
Welke wiegde hem tot rust?"

Geesten in de vleugels, en engelen voor het gezicht,
Duizend serafs barsten uit de Empyrean-thro',
Jonge dromen zweven nog op hun slaperige vlucht -
Serafen in alles behalve 'Kennis', het scherpe licht
Die viel, brak, buiten uw grenzen, in de verte
O! Dood! van het oog van God op die ster:
Zoet was die dwaling – zoeter nog die dood –
Zoet was die vergissing – ev'n bij ons de adem
Van de wetenschap dimt de spiegel van onze vreugde -
Voor hen was 't de Simoom, en zou vernietigen -
Want wat baat het om te weten
Dat waarheid onwaarheid is – of dat gelukzaligheid wee is?
Zoet was hun dood - bij hen was sterven schering en inslag
Met de laatste extase van het verzadigbare leven -
Voorbij die dood geen onsterfelijkheid —
Maar de slaap die overpeinst en niet "moet zijn" –
En daar - oh! Moge mijn vermoeide geest wonen - [!*
Afgezien van de eeuwigheid van de hemel – en toch, hoe ver van

---

*Bij de Arabieren is er een middenweg tussen hemel en hel, waar de mensen geen straf ondergaan, maar toch niet dat rustige en gelijkmatige geluk bereiken dat zij veronderstellen kenmerkend te zijn voor hemels genot.

Un no rompido sueno —
Un dia puro — allegre — libre
Quiera —

*Libre de amor — de zelo —
De odio — de esperanza — de rezelo,
Luis Ponce de Leon.*

Verdriet is niet uitgesloten van 'Al Aaraaf', maar het is dat verdriet dat de levenden graag koesteren voor de doden, en dat in sommige gedachten lijkt op het delirium van opium. De hartstochtelijke opwinding van de liefde en de opgewektheid van de geest die gepaard gaat met dronkenschap, zijn haar minder heilige genoegens – waarvan de prijs voor die zielen die kiezen voor "Al Aaraaf" als hun verblijfplaats na het leven, de uiteindelijke dood en vernietiging is.

*[[*]]Er zijn tranen van volmaakt gekreun
Weende om u in Helicon. — Milton.*

Wat een schuldige geest, in welk een struikgewas dwaas,
Heeft u de opzwepende oproep van die hymne niet gehoord?
Maar twee: zij vielen, want de hemel schenkt geen genade
Aan hen die niet horen om hun kloppend hart.
Een engelmaagd en haar serafijnminnaar -
O! waar (en gij moogt de wijde hemelen zoeken)
Was de Liefde, de blinde, bijna nuchtere Plicht bekend?
Ongeleide liefde is gevallen - 'te midden van 'tranen van volmaakt gekreun':*
Hij was een goede geest - hij die viel:
Een zwerver door een met mos bedekte put -
Een blik op de lichten die erboven schijnen -
Een dromer in de manestraal door zijn liefde:
Welk wonder? want elke ster is daar ooggelijk,
En ziet er zo lief uit op het haar van schoonheid -

En zij, en elke bemoste lente waren heilig
Naar zijn liefde, spookachtig hart en melancholie.
De nacht had gevonden (voor hem een nacht van wee)
Op een bergrots, jonge Angelo -
Kevers buigt het zich door de plechtige hemel,
En fronst naar de met sterren bezaaide werelden die eronder liggen.
Hier zat hij met zijn liefde – zijn donkere ogen gebogen
Met arendsblik langs het firmament:
Draai het nu op haar - maar altijd dan
Het beefde weer tot één constante ster.
"Ianthe, liefste, zie je wel! Hoe zwak is die straal!
Wat is het heerlijk om zo ver weg te kijken!
Zo scheen ze niet te zijn op die herfstavond
Ik verliet haar prachtige zalen - noch mourun'd [[treurde]] om te vertrekken:
Die vooravond – die vooravond – zou ik me goed moeten herinneren –
De zonnestraal viel in Lemnos betoverd
Op het 'Arabesq' snijwerk van een vergulde zaal
Waarin ik zit, en op de gedrapeerde muur -
En op mijn oogleden - O! het zware licht!
Hoe slaperig woog het hen de nacht in!
Op bloemen, vroeger, en mist, en liefde, liepen ze
Met de Perzische Saadi in zijn Gulistan:
Maar O! dat licht! - Ik sluimerde - dood, de tussentijd,
Stal mijn zintuigen op dat mooie eiland

Zo zacht dat er geen enkele, zijden haren zijn
Wakker die sliep - of wist dat het er was.

De laatste plek van de aardbol waar ik op liep
Werd een trotse tempel het Parthenon genoemd—*
Meer schoonheid klampte zich vast rond haar zuilenmuur
Dan slaat uw gloeiende boezem mee,†
En toen de oude tijd mijn vleugel zich losmaakte
Vandaar sprong ik - als de adelaar uit zijn toren
En jaren die ik in een uur achter me liet.
Hoe laat hing ik aan haar luchtige grenzen
De ene helft van de tuin van haar aardbol werd weggeslingerd
Uitrollen als een grafiek naar mijn mening -
Huurdersloze steden van de woestijn ook!
Ianthe, schoonheid drukte zich toen op me af,
En de helft wenste ik weer van mannen te zijn.

' [["]]Mijn Angelo! En waarom zouden ze dat zijn?
Een helderder woonplaats is hier voor u -
En groenere velden dan in de wereld daarboven,
En de lieflijkheid van vrouwen - en hartstochtelijke liefde.

---

*Het was voltooid in 1687 - de hoogste plek in Athene.

†Schaduwen meer schoonheid in hun luchtige wenkbrauwen
Dan hebben we de witte borsten van de koningin van de liefde. — Marlow
[[Marlowe]].

"Maar, lijst, Ianthe! Als de lucht zo zacht is
Gefaald, zoals mijn pennon*geest sprong omhoog,
Misschien werden mijn hersenen duizelig - maar de wereld
Ik ging zo laat weg, was in chaos, geslingerd -
Sprong van haar standplaats, op de winden apart,
En rolde, een vlam, de vurige hemel ertegenover.
Ik dacht, mijn liefste, toen hield ik op met zweven,
En viel - niet snel zoals ik eerder opstond,
Maar met een neerwaartse, trillende beweging
Lichte, brutale stralen, deze gouden ster aan!
Noch lang de maat van mijn vallende uren,
Want de naaste van alle sterren was de uwe bij de onze,
Gevreesde ster! die kwam, te midden van een nacht van vrolijkheid,
Een rode Dædalion op de schuchtere aarde!
"Wij kwamen - en naar uw aarde - maar niet naar ons
Krijg het bevel van Onze Lieve Vrouw om te bespreken:
We kwamen, mijn liefste; rond, boven, onder,
Vrolijke vuurvlieg van de nacht dat we komen en gaan,
Vraag ook geen andere reden dan het engelenknikje
Zij schenkt ons, zoals haar God haar schenkt:
Maar, Angelo, dan ontvouwde je grijze Tijd zich
Nooit zijn feeënvleugel of sprookjeswereld!

---

*Pennon — voor rondsel. — Milton.

Zwak was zijn kleine schijf en engelenogen
Alleen kon het spook in de lucht zien,
Toen Al Aaraaf voor het eerst wist dat haar koers was
Halsoverkop daarheen over de sterrenzee -
Maar toen zijn glorie aan de hemel zwol
Als de buste van de gloeiende schoonheid onder het oog van de mens,
Wij stonden stil voor de erfenis van de mensen,
En uw ster beefde - zoals de schoonheid dan!"
Zo liepen de geliefden in het gesprek weg
De nacht die vervaagde en vervaagde en geen dag bracht.
Zij vielen, want de hemel schenkt hun geen hoop
Die niet horen om het kloppen van hun hart.

TAMERLANE.

―――――

I.

Vriendelijke troost in een stervend uur!
Dat, vader, is (nu) niet mijn thema:
Ik zal niet gek denken dat macht
Van de aarde kan mij verschrompelen van de zonde
Onaardse trots heeft zich verlustigd in -
Ik heb geen tijd om te donderen of te dromen:
Je noemt het hoop – dat vuur van vuur!
Het is slechts een kwelling van begeerte -
Als ik kan hopen (O God! Dat kan ik)
Zijn bron is heiliger – goddelijker –
Ik zou je geen dwaas willen noemen, oude man,
Maar dat is geen gave van u.

II.

Hoor het geheim van een geest
Boog van zijn wilde trots in schaamte.

O smachtend hart! (Ik heb geërfd
Uw verdorrende deel met de roem,
De verzengende glorie die heeft geschenen
Te midden van de juwelen van mijn troon,
Halo van de hel! en met pijn
Niet de hel zal me weer vrezen)
O hunkerend hart naar de verloren bloemen
En zonneschijn van mijn zomeruren!
De onsterfelijke stem van die dode tijd,
Met zijn eindeloze gong
Klinkt in de geest van een betovering,
Op uw leegte, - een klok.
Wanhoop, de legendarische vampiervleermuis,
Heeft lang aan mijn boezem gezeten,
En ik zou raaskallen, maar dat hij gooit
Een kalmte van zijn onaardse vleugels.

III.

Ik ben niet altijd geweest zoals nu:
De koortsige diadeem op mijn voorhoofd,
Ik heb geclaimd en gewonnen op usurperende wijze -
Is niet dezelfde erfgenaam gegeven
Rome voor de keizer — dit voor mij?

De erfenis van een koninklijke geest
En een trotse geest die heeft gestreefd
Triomfantelijk met de mensheid.

IV.

Op berggrond tekende ik voor het eerst leven -
De nevels van de Taglay zijn opgetrokken
Nachtelijk hun dauw op mijn hoofd,
En ik geloof dat de gevleugelde strijd
En tumult van de onrustige lucht
Heeft zich genesteld in mijn haar.

V.

Zo laat uit de hemel - die dauw - viel het
(Midden in dromen van een onheilige nacht)
Op mij met de aanraking van de hel,
Terwijl het rode knipperen van het licht
Van wolken die hingen, als banieren, o'er,
Verscheen aan mijn halfsluitende oog
De pracht en praal van de monarchie,
En het gebulder van de diepe trompetdonder
Kwam haastig op me af en vertelde
Van menselijke strijd, waar mijn stem,

Mijn eigen stem, onnozel kind, zwol aan
(O, wat zou mijn geest zich verheugen
En spring in me bij de kreet!)
De strijdkreet van de overwinning.

VI.

De regen kwam neer op mijn hoofd,
Onbeschut, en de harde wind
Was reusachtig - zo gij, mijn geest!
Het was maar de mens, dacht ik, die
Lauweren op mij - en de haast,
De stortvloed van de kille lucht,
Knorbelde in mijn oor de verliefdheid
Van rijken, met het gebed van de gevangene,
Het geroezemoes van vrijers en de toon
Van vleierij, rond de troon van een soeverein.

VII.

Mijn passies uit dat ongelukkige uur
Usurp'd een tirannie die mannen
Heb geacht, sinds ik aan de macht ben gekomen,
Mijn aangeboren natuur — het zij zo:

Maar, vader, er leefde er een die toen...
Toen in mijn jongensjaren, toen hun vuur
Verbrand met een nog intensere gloed,
(Want de hartstocht moet met de jeugd vergaan)
Ev'n wie wist dan dat dat oneindig was
Mijn ziel – zo was de zwakheid erin.

VIII.

Want in die dagen was het mijn lot
Om de wijde wereld rond te spoken, een plek
De waar ik niet minder van kon houden.
Zo heerlijk was de eenzaamheid
Van een wild meer met zwarte rots gebonden,
En de sultan-achtige dennen die eromheen torenden!
Maar toen de nacht haar smet had geworpen
Op die plek, zoals op alles,
En de zwarte wind frustte voorbij,
In een klaagzang van melodie;
Mijn kinderlijke geest zou ontwaken
Tot schrik van dat eenzame meer.
Maar die schrik was geen schrik –
Maar een bevende verrukking -
Een gevoel dat niet het mijne is

Zou me ooit kunnen omkopen om te definiëren,
Noch liefde, Ada! Gij zijt het van u.
Hoe kon ik uit dat water brengen
Troost voor mijn verbeelding?
Mijn eenzame ziel - hoe maken
Een Eden van dat schemerige meer?

IX.

Maar dan een zachtere, rustigere betovering,
Als maanlicht op mijn geest viel,
En O! Ik heb geen woorden om te vertellen
De lieflijkheid van goed liefhebben!
Ik zal nu niet proberen op te sporen
De meer dan schoonheid van een gezicht
Wiens lijnen in mijn gedachten
Zijn schaduwen op de onstabiele wind.
Ik herinner me nog goed dat ik er gewoond heb,
Pagina's van vroege overlevering op,
Met treuzelende ogen tot ik gevoeld heb
De letters met hun betekenis smelten
Naar fantasieën met - geen.

X.

Was zij niet alle liefde waard?
Liefde zoals in mijn kindertijd was de mijne -

't Was zoals engelengeesten boven
Zou jaloers kunnen zijn - haar jonge hart, het heiligdom
Waarop mijn hoop en gedachte
Waren wierook - dan een goed geschenk -
Want zij waren kinderachtig en oprecht.
Zuiver —— zoals haar jonge voorbeeld leerde:
Waarom heb ik het verlaten en ben ik op drift geraakt?
Vertrouw op het vuur binnenin voor licht?

XI.

We groeiden samen in leeftijd en liefde,
Zwervend door het bos en de wildernis,
Mijn borst haar schild bij winters weer,
En, toen de vriendelijke zonneschijn glimlachte,
En ze zou de openingshemel markeren,
Ik zag geen hemel, maar in haar ogen.

XII.

De eerste les van Young Love is - het hart:
Voor midden die zonneschijn en die glimlachen,
Wanneer van onze kleine zorgen apart,
En lachend om haar meisjesachtige listen,
Ik zou op haar zachte borst leunen,

En stort mijn geest uit in tranen,
Het was niet nodig om de rest te spreken,
Het is niet nodig om angsten te stillen
Van haar - die geen reden zou vragen waarom,
Maar richtte haar stille blik op mij.

XIII.

Ik had geen ander wezen dan in u.
De wereld en alles wat het bevatte,
In de aarde - de lucht - de zee,
Van genot of van pijn —
Het goede, het slechte, het ideale,
Vage ijdelheden van dromen 's nachts,
En zwakkere nietszeggendheden die echt waren,
(Schaduwen en een meer schimmig licht)
Gescheiden op hun mistige vleugels,
En zo, verward, werd
Uw beeld en een naam - een naam!
Twee afzonderlijke, maar toch meest intieme dingen.

XIV.

We liepen samen op de kruin
Van een hoge berg die naar beneden keek

Ver weg van zijn trotse natuurlijke torens
Van rots en bos op de heuvels -
De geslonken heuvels! begirt met prieeltjes
En schreeuwen met duizend rillen.

XV.

Ik sprak met haar over macht en trots,
Maar mystiek, in zo'n gedaante
Opdat zij het niet anders zou achten dan
Het omgekeerde van de momenten - in haar ogen
Ik las – misschien te slordig –
Een vermengd gevoel met het mijne -
De blos op haar wang voor mij,
Het leek erop dat hij geschikt was voor een koninginnetroon,
Te goed dat ik het zou laten zijn,
Licht in de wildernis alleen.

XVI.

Ik wikkelde mezelf toen in grootsheid
En droeg een visionaire kroon -
Toch was het niet die Fantasie
Had haar mantel over me heen gegooid,
Maar dat onder het gepeupel,

De ambitie van de leeuw is vastgeketend,
En hurkt voor de hand van een bewaker,
Niet zo in woestijnen waar de grote,
De wilde, de verschrikkelijke samenzwering
Met hun eigen adem om het vuur aan te wakkeren.
* * * * *

XVII.

Zeg, heilige vader, ademt daar nog
Een rebel of een Bajazet?
Hoe nu! waarom beven, man van somberheid,
Alsof mijn woorden de Simoom zijn!
Waarom buigen de mensen de knie,
Aan de jonge Tamerlane - aan mij!

XVIII.

O menselijke liefde! Gij geest gegeven
Uitgerekend op aarde hopen we in de hemel!
Die als regen in de ziel valt
Op de Syroc-verdorde vlakte,
En tekortschietend in uw macht om te zegenen,
Maar laat het hart een wildernis achter!
Idee dat het leven bindt,
Met muziek van zo'n vreemd geluid,

En de schoonheid van zo'n wilde geboorte -
Afscheid! want Ik heb de aarde gewonnen.

XIX.

Toen de hoop, de adelaar die torende, kon zien
Geen klif achter hem in de lucht,
Zijn rondsels waren hangend gebogen,
En huiswaarts wendde zijn verzachte oog zich af.

XX.

* * * * * *

Het was zonsondergang: wanneer de zon zal scheiden,
Er komt een norsheid van het hart
Aan hem die nog zou kijken naar
De glorie van de zomerzon.
Die ziel zal de avondmist haten,
Zo vaak mooi, en zal opsommen
Naar het geluid van de komende duisternis (bekend
Aan hen wier geest teruggrijpt) als één
Wie zou in een droom van de nacht vliegen
Maar kan niet van een gevaar nabij.

XXI.

Wat tho' de maan - de witte maan -
Werp al de schoonheid van haar middag af,
Haar glimlach is kil, en haar straal,
In die tijd van somberheid zal verschijnen
(Dus alsof je je adem inneemt)
Een portret genomen na de dood.

* * * * * *

XXII.

Ik heb mijn huis bereikt - welk huis? boven
Mijn thuis - mijn hoop - mijn vroege liefde,
Eenzaam, net als ik, rees de woestijn op,
Neergebogen met zijn eigen glorie groeit.

XXIII.

Vader, ik geloof vast -
Ik weet - voor de dood, die voor mij komt
Uit de streken van de zaligste verte,
Waar niets te bedriegen valt,
Heeft zijn ijzeren poort op een kier laten staan,
En stralen van waarheid kun je niet zien,
Flitsen door de eeuwigheid:

Ik geloof echt dat Eblis
Een valstrik op elk menselijk pad -
Anders, hoe wanneer in het heilige bos,
Ik dwaalde af van de afgod, Liefde,
Die dagelijks zijn besneeuwde vleugels ruikt
Met wierook van brandoffers,
Van de meest onbesmette dingen;
Wiens aangename prieeltjes nog zo gescheurd zijn
Boven met gerimpelde stralen uit de hemel,
Geen splinter mag schuwen - geen kleinste vlieg
De bliksem van zijn arendsoog -
Hoe kwam het dat Ambitie kroop,
Ongezien te midden van de feestvreugde daar,
Tot hij brutaal werd, lachte en sprong hij op
In de klitten van het haar van Loves [Love's] zelf?

XXIV.

Als mijn vrede is weggevlogen
In een nacht - of in een dag -
In een visioen - of in geen -
Is het daarom minder verdwenen?
Ik stond midden in het gebrul
Van een door de wind geteisterde kust,

En ik hield in mijn hand

Enkele zanddeeltjes —

Hoe helder! En toch te kruipen

Thro' mijn vingers naar de diepte!

Mijn vroege hoop? Nee — zij

Ging glorieus weg,

Als een bliksemschicht uit de hemel —

Waarom heb ik dat niet gedaan in de strijd?

WILEY AND PUTNAM'S
LIBRARY OF AMERICAN BOOKS.

NO. VIII.

THE RAVEN AND OTHER POEMS.

BY

EDGAR A. POE.

NEW YORK AND LONDON.
WILEY AND PUTNAM, 161 BROADWAY; 6 WATERLOO PLACE.
Price, Thirty-one Cents.

"Diverse burgers van dit goede land, die het goed bedoelen en goed hopen, gedreven door een bepaald iets in hun natuur, hebben zichzelf getraind om dienst te doen in verschillende essays, gedichten, geschiedenissen en boeken over kunst, fantasie en waarheid."

ADRES VAN DE AMERICAN COPY-RIGHT CLUB.

WILEY EN PUTNAM'S

BIBLIOTHEEK VAN AMERIKAANSE BOEKEN.

NR. VII

DE RAAF EN ANDERE GEDICHTEN.

BIJ

EDGAR EEN POE.

NEW YORK EN LONDEN.

WILEY EN PUTNAM, 161 BROADWAY: 6 WATERLOO PLACE.

Prijs, eenendertig cent.

Inhoudsopgave

[Opdracht - aan Elizabeth Barrett Barrett]

[Voorwoord]

De Raaf

De Vallei van Onrust

Bruids ballade

De slaper

Het Colosseum

Lenore

Katholieke hymne

Israfel

Droomland

Sonnet — naar Zakynthos

De stad in de zee

Aan één in het paradijs

Eulalie — Een lied

Naar F———s S. O———d [Frances Sargent Osgood]

Naar F——

Sonnet — Stilte

De Veroveraar Worm

Het Spookpaleis

Scènes uit "Politian"

Sonnet — aan de wetenschap

Al Aaraaf

Tamerlane

Een droom

Romaans

Sprookjesland

Aan —— ["De prieeltjes waarbij..."

Naar de rivier——

Het meer — Naar ——

Lied

Aan Helen

AAN DE EDELSTE VAN HAAR GESLACHT -

AAN DE AUTEUR VAN

"HET DRAMA VAN DE BALLINGSCHAP" —

AAN MISS ELIZABETH BARRETT BARRETT,

VAN ENGELAND,

IK DRAAG DIT BOEK OP,

MET DE MEEST ENTHOUSIASTE BEWONDERING

EN MET DE MEEST OPRECHTE ACHTING.

E. A. P

INLEIDING.

Deze kleinigheden worden voornamelijk verzameld en opnieuw uitgegeven met het oog op hun verlossing van de vele verbeteringen die ze hebben ondergaan terwijl ze willekeurig 'de rondes van de pers' maken. Als wat ik heb geschreven überhaupt moet circuleren, ben ik er natuurlijk op gebrand dat het circuleert zoals ik het heb geschreven. Ter verdediging van mijn eigen smaak is het echter mijn plicht om te zeggen dat ik niets in dit boek van veel waarde acht voor het publiek, of zeer verdienstelijk voor mijzelf. Gebeurtenissen die niet te beheersen zijn, hebben mij verhinderd om op enig moment enige serieuze inspanning te leveren op wat onder gelukkiger omstandigheden het gebied van mijn keuze zou zijn geweest. Poëzie is voor mij geen doel geweest, maar een passie; en de hartstochten moeten in eerbied worden gehouden; Ze mogen dat niet – ze kunnen niet naar believen opgewonden raken met het oog op de schamele compensaties, of de meer schamele complimenten, van de mensheid.

E. A. P

DE RAAF EN ANDERE GEDICHTEN.

DE RAVEN.

Er was eens een middernachtelijk somber, terwijl ik nadacht, zwak en vermoeid,
Over menig schilderachtig en merkwaardig boek van vergeten overlevering,
Terwijl ik knikte, bijna een dutje doend, kwam er plotseling een tik,
Als van iemand die zachtjes klopt, op mijn kamerdeur klopt.
"'t Is een bezoeker," mompelde ik, "die op de deur van mijn kamer klopt ...
Alleen dit, en niets meer."

Ach, ik herinner me duidelijk dat het in de gure december was,
En elke afzonderlijke stervende sintel smeedde zijn geest op de vloer.
Vurig wenste ik de dag van morgen; – tevergeefs had ik geprobeerd te lenen
Uit mijn boeken ophouden met verdriet – verdriet om de verloren Lenore –
Voor het zeldzame en stralende meisje dat de engelen Lenore noemen -
Naamloos hier voor altijd.

En het zijden, droevige, onzekere geritsel van elk paars gordijn
Bracht me in vervoering - vulde me met fantastische verschrikkingen die ik nog nooit eerder had gevoeld;

Zodat ik nu, om het kloppen van mijn hart te stillen, stond te
herhalen
"Het is een bezoeker die smeekt om binnen te komen bij de deur
van mijn kamer -
Een of andere laatkomer smeekt om binnen te komen bij de deur
van mijn kamer; —
Dit is het, en niets meer."

Weldra werd mijn ziel sterker; Aarzelend dan niet langer,
"Mijnheer," zeide ik, "of Mevrouw, waarlijk, ik smeek u om
vergiffenis;
Maar het feit is dat ik een dutje deed, en zo zachtjes kwam je
rappen,
En zo flauw kwam je tikken, tikken op mijn kamerdeur,
Dat ik nauwelijks zeker wist of ik je hoorde" – hier zette ik de
deur wijd open; ——
Duisternis daar, en niets meer.

Diep in die duisternis turend, stond ik daar lang te verwonderen,
te vrezen,
Twijfelende, dromende dromen die geen sterveling ooit eerder
durfde te dromen;
Maar de stilte was ononderbroken, en de duisternis gaf geen
teken,
En het enige woord dat daar werd gesproken was het gefluisterde
woord: "Lenore!"
Dit fluisterde ik, en een echo mompelde het woord "Lenore!"
terug.
Alleen dit, en niets meer.

Terug in de kamer, draaiend, heel mijn ziel in mij brandend,
Al snel hoorde ik weer een tikken dat wat luider was dan
voorheen.

"Zeker," zei ik, "dat is zeker iets aan mijn venstertraliewerk;
Laat me dan eens zien wat dat is, en dit mysterie onderzoeken.
Laat mijn hart een ogenblik stil zijn en dit mysterie verkennen;
—
'Het is de wind en niets meer!'

Hier opende ik de sluiter, toen, met menig geflirt en gefladder,
Daar stapte een statige raaf uit de heilige dagen van weleer;
Niet de minste eerbetuiging bracht hem; Geen ogenblik stond hij stil of bleef hij staan;
Maar, met het gezicht van heer of dame, neergestreken boven mijn kamerdeur -
Gezeten op een buste van Pallas net boven mijn kamerdeur -
Neergestreken, en zat, en niets meer.

Dan deze ebbenhouten vogel die mijn droevige fantasie verleidt tot glimlachen,
Door het ernstige en strenge decorum van het gelaat dat het droeg,
"Al is uw kuif geschoren en geschoren," zei ik, "zijt zeker geen lafaard,
Afschuwelijke, grimmige en oude raaf die ronddwaalt vanaf de nachtelijke kust -
Zeg mij wat uw vorstelijke naam is aan de Plutonische kust van de Nacht!"
Citaat van de raaf: "Nooit meer."

Zozeer verwonderde ik mij over dit lompe gevogelte, dat hij zo duidelijk hoorde spreken,
Hoewel het antwoord weinig betekenis had - weinig relevantie droeg;
Want we kunnen niet anders dan het erover eens zijn dat geen enkel levend menselijk wezen

Ooit was hij gezegend met het zien van een vogel boven zijn kamerdeur -
Vogel of beest op de gebeeldhouwde buste boven zijn kamerdeur,
Met zo'n naam als 'Nevermore'.

Maar de raaf, die eenzaam op de kalme buste zat, sprak alleen
Dat ene woord, alsof zijn ziel in dat ene woord dat hij uitstortte.
Niets verder dan hij uitte - geen veer toen fladderde hij -
Totdat ik nauwelijks meer dan mompelde: "Andere vrienden hebben eerder gevlogen -
Morgen zal hij me verlaten, want mijn hoop is al eerder vervlogen."
Toen zei de vogel: "Nooit meer."

Geschrokken van de stilte die werd doorbroken door het antwoord dat zo treffend werd uitgesproken,
"Ongetwijfeld," zeide ik, "is wat zij uitspreekt haar enige voorraad en voorraad
Gevangen van een ongelukkige meester die een meedogenloze ramp heeft
Volgde snel en volgde sneller tot zijn liederen een last droeg -
Tot de klaagzangen van zijn hoop die melancholieke last droeg
Van "Nooit - nooit meer."

Maar de raaf verleidt nog steeds heel mijn droevige ziel tot glimlachen,
Rechtdoor reed ik een gedempte stoel voor vogel, buste en deur;
Toen, toen het fluweel wegzakte, begon ik te verbinden
Fantasie tot fantasie, denkend aan wat deze onheilspellende vogel van weleer -
Wat deze grimmige, lompe, afschuwelijke, magere en onheilspellende vogel van weleer
Bedoeld in het kwakende 'Nevermore'.

Dit zat ik te raden, maar geen lettergreep uit te drukken
Aan het gevogelte wiens vurige ogen nu in de kern van mijn boezem brandden;
Dit en nog veel meer zat ik te wichelen, met mijn hoofd op mijn gemak achterover
Op de fluwelen voering van het kussen waar het lamplicht [[lamp-licht]] zich over verkneukelde,
Maar wiens fluwelen violette voering met het lamplicht [[lamp-licht]] leedvermaak o'er,
Ze zal drukken, ach, nooit meer!

Toen, dacht ik, werd de lucht dichter, geparfumeerd door een onzichtbaar wierookvat
Heen en weer geslingerd door engelen wier zwakke voetstappen op de getufte vloer rinkelden.
"Ellendeling," riep ik uit, "uw God heeft u geleend - door deze engelen heeft Hij u gezonden
Respijt - respijt en nepenthe van uw herinneringen aan Lenore!
Quaff, oh kwak deze vriendelijke nepenthe en vergeet deze verloren Lenore!"
Citaat van de raaf: "Nooit meer."

"Profeet!" zei ik, "iets kwaads! - Profeet nog steeds, of het nu vogel of duivel is! —
Of de verleider u heeft gezonden, of dat de storm u hier aan land heeft geworpen,
Verlaten en toch onverschrokken, op dit woestijnland betoverd -
Op dit huis door Horror achtervolgd - zeg me echt, ik smeek -
Is er — is er balsem in Gilead? - zeg me - zeg het me, ik smeek!"
Citaat van de raaf: "Nooit meer."

"Profeet!" zei ik, "iets van het kwaad – profeet nog steeds, of het nu een vogel of een duivel is!
Door die hemel die zich boven ons buigt - door die God die we beiden aanbidden -
Vertel deze ziel met verdriet beladen als, in het verre Aidenn,
Het zal een heilig meisje omklemmen, die de engelen Lenore noemen.
Omklem een zeldzaam en stralend meisje dat de engelen Lenore noemen."
Citaat van de raaf: "Nooit meer."

"Wees dat woord ons teken van afscheid, vogel of duivel!" Ik gilde, overstijgend -
"Ga terug naar de storm en de Plutonische kust van de nacht!
Laat geen zwarte pluim achter als teken van de leugen die uw ziel heeft gesproken!
Laat mijn eenzaamheid ongebroken! - stop met de buste boven mijn deur!
Neem uw snavel weg uit mijn hart, en neem uw gedaante weg van mijn deur!"
Citaat van de raaf: "Nooit meer."

En de raaf, nooit fladderend, zit nog steeds, zit nog steeds
Op de bleke buste van Pallas net boven mijn kamerdeur;
En zijn ogen hebben alles wat lijkt op dat van een demon die droomt,
En het lamplicht dat hem laat schijnen, werpt zijn schaduw op de vloer;
En mijn ziel uit die schaduw die op de vloer ligt te zweven
Zal worden opgeheven - nooit meer!

DE VALLEI VAN ONRUST.

Eens glimlachte een stille dell
Waar het volk niet woonde;
Zij waren ten strijde getrokken,
Vertrouwend op de mildogige sterren,
's Nachts, vanuit hun azuurblauwe torens,
Om de wacht te houden boven de bloemen,
Waartussen de hele dag
Het rode zonlicht lag er lui bij.
Nu zal elke bezoeker bekennen
De rusteloosheid van de trieste vallei.
Niets is daar onbeweeglijk —
Niets anders dan de lucht die broedt
Over de magische eenzaamheid.
Ach, door geen wind worden die bomen in beroering gebracht
Die kloppen als de koude zeeën
Rond de mistige Hebriden!
Ach, door geen wind worden die wolken verdreven
Die ritselen door de onrustige hemel
Ongemakkelijk, van 's morgens vroeg tot zelfs,
Over de viooltjes daar die liggen
In talloze soorten van het menselijk oog -
Over de lelies daar die wuiven
En weent boven een naamloos graf!
Ze wuiven: — uit hun geurige toppen
Eeuwige dauw komt in druppels naar beneden.
Zij wenen: — van hun tere stengels
Meerjarige tranen dalen neer in edelstenen.

BRUIDS BALLADE.

*DE ring is aan mijn hand,
En de krans is op mijn voorhoofd;
Satijnen en juwelen groots
Zijn allemaal tot mijn bevel,
En ik ben nu gelukkig.*

*En mijn heer, hij houdt veel van mij;
Maar toen hij voor het eerst zijn gelofte uitsprak,
Ik voelde mijn boezem opzwellen -
Want de woorden klonken als een klok,
En de stem leek de zijne die viel
In de strijd langs de dell,
En die nu gelukkig is.*

*Maar hij sprak om me gerust te stellen,
En hij kuste mijn bleke voorhoofd,
Terwijl er een mijmering over me opkwam,
En naar het kerkhof droeg mij,
En ik zuchtte tot hem voor mij,
Denkend dat hij dood was D'Elormie,
"Oh, ik ben nu gelukkig!"*

*En zo werden de woorden gesproken,
En dit is de benarde gelofte,
En al is mijn geloof gebroken,
En, al is mijn hart gebroken,*

Aanschouw het gouden teken
Dat bewijst dat ik nu gelukkig ben!

Kon ik maar wakker worden!
Want ik droom, ik weet niet hoe,
En mijn ziel is erg geschokt
Opdat er geen slechte stap wordt gedaan, —
Opdat de doden die verlaten zijn niet
Misschien ben ik nu niet gelukkig.

DE SLAPER.

OM middernacht, in de maand juni,
Ik sta onder de mystieke maan.
Een opiaatdamp, bedauwd, zwak,
Ademt uit uit haar gouden rand,
En, zacht druppelend, druppel voor druppel,
Op de stille bergtop,
Steelt slaperig en muzikaal
In de universele vallei.
De rozemarijn knikt op het graf;
De lelie slingert op de golf;
De mist om zijn borst wikkelend,
De ruïne vervormt tot rust;
Eruit zien als Lethe, zie je! Het meer
Een bewuste sluimer lijkt te nemen,
En zou, voor de wereld, niet wakker worden.
All Beauty slaapt! — en zie! Waar ligt
(Haar raam open naar de hemel)
Irene, met haar lotsbestemmingen!

Oh, dame helder! kan het goed zijn -
Dit raam open voor de nacht?
De baldadige lucht, vanuit de boomtop,
Lachend door de tralieval -
De lichaamloze lucht, een tovenaarsvlucht,
Vlieg door je kamer in en uit,

En zwaai met de gordijnluifel
Zo onstuimig - zo angstig -
Boven het gesloten en met franjes bedekte deksel
Daaronder ligt uw sluimerende ziel verborgen,
Dat, over de vloer en langs de muur,
Als geesten rijzen en dalen de schaduwen!
O, lieve dame, heb je geen angst?
Waarom en wat droom je hier?
Zeker zijt gij van verre zeeën gekomen,
Een wonder voor deze tuinbomen!
Vreemd is uw bleekheid! Vreemd uw kleding!
Vreemd, bovenal, uw lengte van de bomen,
En dit alles plechtige stilte!

De dame slaapt! O, moge haar slapen,
Dat is blijvend, dus wees diep!
De hemel heeft haar in haar heilige bewaarder!
Deze kamer veranderde voor nog een heilige,
Dit bed voor nog een melancholie,
Ik bid tot God dat ze mag liegen
Voor altijd met ongeopend oog,
Terwijl de vage geesten met lakens voorbij gaan!

Mijn liefste, ze slaapt! O, moge haar slapen,
Omdat het blijvend is, dus wees diepgaand!
Zacht mogen de wormen om haar heen kruipen!
Ver in het bos, schemerig en oud,
Moge zich voor haar een groot gewelf ontvouwen -
Een of ander gewelf dat vaak zijn zwart heeft geworpen
En gevleugelde panelen fladderen terug,
Triomfantelijk, o'er de gekuifde palls,
Van haar grote familiebegrafenissen -
Een graf, afgelegen, alleen,

Tegen wiens poort zij heeft geworpen,
In de kindertijd werd menig nutteloze steen -
Een of ander graf van buiten waarvan de klinkende deur
Ze zal nooit meer een echo forceren,
Opwindend om te denken, arm kind van de zonde!
Het waren de doden die van binnen kreunden.

HET COLOSSEUM.

*TYPE van het antieke Rome! Rijk reliekschrijn
Van verheven contemplatie overgelaten aan de Tijd
Door eeuwen van pracht en praal begraven!
Eindelijk – eindelijk – na zoveel dagen
Van vermoeiende pelgrimstocht en brandende dorst,
(Dorst naar de bronnen van de overlevering die in u liggen,)
Ik kniel, een veranderd en nederig man,
Te midden van uw schaduwen, en drink zo van binnen
Mijn ziel, uw grootsheid, somberheid en glorie!*

*Uitgestrektheid! en leeftijd! en Herinneringen aan Eld!
Stilte! en Verlatenheid! en schemerige nacht!
Ik voel u nu – ik voel u in uw kracht –
O spreuken zekerder dan de koning van Judea,
Onderwezen in de tuinen van Gethsemane!
O charmes krachtiger dan de verrukte Chaldee
Ooit neergetrokken uit de stille sterren!*

*Hier, waar een held viel, valt een zuil!
Hier, waar de nabootsende adelaar in goud schitterde,
Een middernachtwake houdt de donkere vleermuis vast!
Hier, waar de dames van Rome hun vergulde haar hadden
Zwaaiend naar de wind, zwaai nu met het riet en de distel!
Hier, waar op de gouden troon de vorst lag,
Glijdt als een spook naar zijn marmeren huis,*

Verlicht door het zwakke licht van de gehoornde maan,
De snelle en stille hagedis van de stenen!

Maar blijf! Deze muren - deze met klimop begroeide arcades -
Deze vermolmde sokkels — deze treurige en zwartgeblakerde schachten —
Deze vage hoofdgestellen – deze afbrokkelende fries –
Deze verbrijzelde kroonlijsten - dit wrak - deze ruïne -
Deze stenen - helaas! Deze grijze stenen - zijn ze allemaal -
Al het beroemde, en het kolossale links
Door het bijtende Hours to Fate en mij?

"Niet allemaal" – antwoorden de Echo's me – "niet allemaal!
"Profetische klanken en luide, stijgen voor altijd op
"Van ons, en van alle verderf, tot de wijzen,
"Als melodie van Memnon naar de zon.
"Wij heersen over de harten van de machtigste mannen - wij heersen
"Met een despotische zwaai alle gigantische geesten.
"We zijn niet machteloos - we bleke stenen.
"Niet al onze macht is verdwenen - niet al onze roem -
"Niet al de magie van onze grote roem -
"Niet al het wonder dat ons omringt -
"Niet alle mysteries die in ons liggen -
"Niet alle herinneringen die blijven hangen
"En klampen zich om ons heen als een kleed,
"Kleed ons in een gewaad van meer dan glorie."

LENORE.

*AH, gebroken is de gouden schaal! De geest vloog voor altijd!
Laat de klok luiden! — een heilige ziel drijft op de Stygische rivier;
En, Guy De Vere, heb je geen traan? - huil nu of nooit meer!
Zien! op je sombere en stijve baar laag ligt je liefde, Lenore!
Komen! Laat de begrafenisrite worden voorgelezen - het begrafenislied wordt gezongen! —
Een hymne voor de koningin-oudste doden die ooit zo jong stierven -
Een klaagzang voor haar, de dubbel dode omdat ze zo jong stierf.*

*"Ellendelingen! Gij hebt haar liefgehad om haar rijkdom en haar gehaat om haar trots,
'En toen zij in zwakke gezondheid viel, zegende gij haar - dat zij stierf!
"Hoe zal het ritueel dan gelezen worden? — Het Requiem Hoe Gezongen worden
"Door u - door de uwe, het boze oog, - door de uwe, de lasterlijke tong
"Dat heeft de onschuld die stierf, en zo jong stierf, met de dood gedaan?"*

*Peccavimus; maar raas niet zo! en laat een sabbatslied
Ga zo plechtig op naar God dat de doden zich niet verkeerd voelen.
De zoete Lenore is "voorgegaan", met de Hoop, die naast haar vloog,
Je wild achterlatend voor het lieve kind dat je bruid had moeten zijn -*

Voor haar, de schone en debonaire, die nu zo nederig ligt,
Het leven op haar gele haar, maar niet in haar ogen -
Het leven is er nog steeds, in haar haar - de dood in haar ogen.

"Trotseer! Vannacht is mijn hart licht. Geen klaaglied zal ik aanheffen,
"Maar wrijf de engel op haar vlucht met een Paean van weleer!
"Laat geen klok luiden! - opdat haar lieve ziel, te midden van haar geheiligde vrolijkheid,
"Zou de noot moeten vangen, zoals hij zweeft - omhoog van de verdoemde aarde.
"Voor vrienden boven, voor duivels beneden, wordt de verontwaardigde geest verscheurd -
"Van de hel tot een hoge staat ver in de hemel -
"Van verdriet en gekreun, naar een gouden troon, naast de Koning van de Hemel."

KATHOLIEKE HYMNE.

's morgens — 's middags — in de schemering zwak —
Maria! Gij hebt mijn lofzang gehoord!
In vreugde en wee - in goed en kwaad -
Moeder van God, wees nog steeds met mij!
Toen de uren helder voorbij vlogen,
En geen wolk verduisterde de hemel,
Mijn ziel, opdat zij niet zou spijbelen,
Uw genade leidde naar de uwen en u;
Nu, wanneer stormen van het lot o'ercast
Duister mijn heden en mijn verleden,
Laat mijn toekomst stralen
Met zoete hoop op u en de uwen!

ISRAFEL. *

IN de hemel woont een geest
"Wiens hartsnaren een luit zijn;"
Niemand zingt zo wild goed
Als de engel Israfel,
En de duizelingwekkende sterren (zo vertellen legendes)
Hun hymnen staken, de betovering bijwonen
Van zijn stem, helemaal stom.

Wankelend boven
Op haar hoogste middag,
De verliefde maan
Bloost van liefde,
Terwijl, om te luisteren, de rode levin
(Met de snelle Pleiaden, zelfs,
Dat waren er zeven,)
Pauzeert in de hemel.

En ze zeggen (het sterrenkoor
En de andere luisterdingen)
Dat Israfeli's vuur
Is te danken aan die lier
Waardoor hij zit en zingt:
De trillende levende draad
Van die ongewone snaren.

Maar de hemel die engel betreedde,
Waar diepe gedachten een plicht zijn -
Waar liefde een volwassen God is -
Waar de Houri-blikken zijn
Doordrenkt met al het moois
Die we aanbidden in een ster.

Daarom hebt gij geen ongelijk,
Israfeli, die veracht
Een onbewogen lied;
Aan u behoren de lauweren,
Beste bard, want de wijste!
Vrolijk leven, en lang!

De extases hierboven
Met uw brandende maatregelen passen -
Uw verdriet, uw vreugde, uw haat, uw liefde,
Met de vurigheid van uw luit -
Mogen de sterren stom zijn!

Ja, de hemel is de uwe; Maar dit
Is een wereld van zoetigheden en zuur;
Onze bloemen zijn slechts - bloemen,
En de schaduw van uw volmaakte gelukzaligheid
Is de zonneschijn van ons.

Als ik kon stilstaan
Waar Israfel
Heeft gewoond, en hij waar ik,
Hij zingt misschien niet zo wild goed
Een sterfelijke melodie,
Terwijl een gedurfdere noot dan deze kan aanzwellen
Van mijn lier in de lucht.

DROOMLAND.

LANGS een route die duister en eenzaam is,
Alleen achtervolgd door kwade engelen,
Waar een Eidolon, genaamd NACHT,
Op een zwarte troon heerst rechtop,
Ik heb deze landen bereikt, maar pas
Van een ultiem schemerige Thule —
Uit een wild, raar klimaat dat ligt, subliem,
Uit de RUIMTE – uit de TIJD.

Bodemloze valleien en grenzeloze overstromingen,
En afgronden, en grotten, en Titanenbossen,
Met vormen die geen mens kan ontdekken
Voor de dauw die overal druipt;
Bergen vallen steeds meer om
In zeeën zonder kust;
Zeeën die rusteloos streven,
Opwellend, tot een hemel van vuur;
Meren die zich eindeloos uitstrekken
Hun eenzame wateren - eenzaam en dood, -
Hun stille wateren - stil en kil
Met de sneeuw van de lollende lelie.

Door de meren die zich zo uitspreiden
Hun eenzame wateren, eenzaam en dood, -
Hun droevige wateren, verdrietig en kil
Met de sneeuw van de lollende lelie, -
Bij de bergen - in de buurt van de rivier
Zacht murmurend, altijd murmurrend, -
Bij de grijze bossen, — bij het moeras
Waar de pad en de salamander hun kamp opslaan, —

Bij de sombere meren en poelen
Waar wonen de geesten, -
Bij elke plek de meest onheilige -
In elk hoekje de meest melancholiek, -
Daar ontmoet de reiziger verbijstering
Herinneringen aan het verleden —
Gehulde vormen die beginnen en zuchten
Als ze de zwerver voorbijgaan,
In het wit geklede vormen van vrienden die lang gegeven zijn,
In doodsangst, naar de aarde - en de hemel.

Voor het hart wiens weeën legio zijn
't Is een vredige, rustgevende streek —
Voor de geest die in de schaduw wandelt
't Is - oh 't is een eldorado!
Maar de reiziger, die er doorheen reist,
Mag het niet – durf het niet openlijk te zien;
Nooit worden zijn mysteries ontmaskerd
Voor het zwakke menselijke oog gesloten;
Zo wil zijn Koning, die verbiedt
Het optillen van het gefranjerde deksel;
En zo de droevige Ziel die hier passeert
Aanschouwt het slechts door een verduisterde bril.

Langs een route duister en eenzaam,
Alleen achtervolgd door kwade engelen,
Waar een Eidolon, genaamd NACHT,
Op een zwarte troon heerst rechtop,
Ik ben naar huis gewandeld, maar pas
Van deze ultieme schemerige Thule.

SONNET — AAN ZANTE.

SCHOON eiland, dat van de schoonste van alle bloemen,
Uw zachtste van alle vriendelijke namen neemt u aan!
Hoeveel herinneringen aan wat een stralende uren
Bij het zien van u en de uwen tegelijk wakker!
Hoeveel scènes van wat de gelukzaligheid verdween!
Hoeveel gedachten aan wat entombéd hoopt!
Hoeveel visioenen van een meisje is dat
Niet meer - niet meer op uw groene hellingen!
Niet meer! Helaas, dat magische droevige geluid
Alles transformeren! Uw bekoorlijkheden zullen niet meer behagen
Uw herinnering niet meer! Aangegroeide grond
Van nu af aan houd ik uw met bloemen geëmailleerde oever vast,
O hyacinthine eiland! O paarse Zante!
"Isola d'oro! Fior di Levante!"

DE STAD IN DE ZEE.

LO! De dood heeft zichzelf op een troon verheven
In een vreemde stad alleen liggend
Ver in het schemerige Westen,
Waar het goede en het slechte en het slechtste en het beste
Zijn naar hun eeuwige rust gegaan.
Er zijn heiligdommen en paleizen en torens
(Door de tijd aangevreten torens die niet beven!)
Lijken op niets dat van ons is.
Rondom, door het opheffen van winden vergeten,
Gelaten onder de hemel
De melancholische wateren liggen.

Er komen geen stralen uit de heilige hemel naar beneden
Op de lange nacht van die stad;
Maar licht uit de lugubere zee
Stroomt geruisloos door de torentjes -
Glanst de pinakels ver en vrij op -
Koepels omhoog — torenspitsen omhoog — koninklijke zalen —
Omhoog waaiers - omhoog Babylon-achtige muren -
Omhoog schimmige, lang vergeten prieeltjes
van gekweekte klimop en stenen bloemen —
Omhoog menig en menig wonderbaarlijk heiligdom
Waarvan de omkranste friezen met elkaar verweven zijn
De viool, het viooltje en de wijnstok.

Gelaten onder de hemel
De melancholische wateren liggen.
Dus meng daar de torentjes en schaduwen
Die allemaal hangend lijken in de lucht,
Terwijl vanaf een trotse toren in de stad

De dood kijkt gigantisch naar beneden.

Er openen waaiers en gapende graven
Geeuw ter hoogte van de lichtgevende golven;
Maar niet de rijkdommen die daar liggen
In het diamanten oog van elk idool -
Niet de vrolijk met juwelen versierde doden
Verleid de wateren vanuit hun bed;
Voor geen rimpels krullen, helaas!
Langs die wildernis van glas -
Er zijn geen zwellingen die aangeven dat er wind kan zijn
Op een verre, gelukkiger zee -
Geen deiningen wijzen erop dat er wind is geweest
Op zeeën die minder afschuwelijk sereen zijn.

Maar zie, er hangt opschudding in de lucht!
De golf - daar is een beweging!
Alsof de torens opzij waren gegooid,
Bij licht zinken, het doffe getij -
Alsof hun toppen zwak hadden meegegeven
Een leegte in de filmachtige hemel.
De golven hebben nu een rodere gloed -
De uren ademen, zwak en laag -
En wanneer, zonder aards gekreun,
Daarginds zal die stad zich vestigen.
De hel, oprijzend uit duizend tronen,
Zal het eerbied doen.

NAAR ÉÉN IN HET PARADIJS.

Gij was dat alles voor mij, liefje,
Waarnaar mijn ziel smachtte -
Een groen eiland in de zee, liefde,
Een fontein en een heiligdom,
Allemaal omkranst met sprookjesvruchten en bloemen,
En alle bloemen waren van mij.

Ah, droom te helder om te duren!
Ah, sterrenhemel! die zich heeft voorgedaan
Maar om bewolkt te zijn!
Een stem uit de toekomst roept,
"Aan! op!" - maar o'er het verleden
(Vage kloof!) Mijn geest zweeft leugens
Stom, onbeweeglijk, verbijsterd!

Want, helaas! helaas! met mij
Het licht des levens is voorbij!
Niet meer — niet meer — niet meer —
(Zulke taal houdt de plechtige zee vast
Naar het zand aan de kust)
Zal de door de donder geblakerde boom bloeien,
Of de getroffen adelaar zweeft!

En al mijn dagen zijn in trance,
En al mijn nachtelijke dromen
Zijn waar uw donkere oog kijkt,
En waar uw voetstap schittert -
In welke etherische dansen,
Door wat eeuwige stromen.

EULALIE — EEN LIED.

*Ik DWELT alleen
In een wereld van gekreun,
En mijn ziel was een stilstaand getij,
Totdat de schone en vriendelijke Eulalie mijn blozende bruid werd -
Totdat de geelharige jonge Eulalie mijn lachende bruid werd.*

*Ah, minder - minder helder
De sterren van de nacht
Dan de ogen van het stralende meisje!
En nooit een vlokje
Dat de damp kan maken
Met de maantinten van paars en parelmoer,
Kan wedijveren met de meest onopgemerkte krul van de bescheiden Eulalie -
Kan zich meten met de meest bescheiden en achteloze krul van de Eulalie met heldere ogen.*

*Nu eens Twijfel, nu Pijn
Kom nooit meer,
Want haar ziel geeft me zucht voor zucht,
En de hele dag door
Schittert, helder en sterk,
Astarté in de lucht,
Terwijl ze altijd naar haar lieve Eulalie haar matrone oog opheft
-
Terwijl ze altijd naar haar jonge Eulalie haar violette oog opheft.*

NAAR F——s S. O——d.

Gij zoudt bemind willen worden? — laat dan uw hart
Van zijn huidige pad deel niet!
Zijnde alles wat gij nu zijt,
Wees niets wat gij niet zijt.
Zo is het ook met de wereld, uw zachte wegen,
Uw genade, uw meer dan schoonheid,
Zal een eindeloos thema van lofprijzing zijn,
En liefde - een eenvoudige plicht.

NAAR F——.

GELIEFD! Te midden van de ernstige ellende
Die menigte rond mijn aardse pad -
(Somber pad, helaas! waar groeit
Zelfs niet één eenzame roos) —
Mijn ziel heeft tenminste een troost
In dromen van u, en daarin weet
Een Eden van flauwe rust.

En zo is uw nagedachtenis voor mij
Als een betoverd eiland in de verte
In een onstuimige zee —
Een oceaan die ver en vrij klopt
Met stormen - maar waar ondertussen
Voortdurend serenestste luchten
Gewoon die ene stralende eilandglimlach.

SONNET — STILTE.

ER ZIJN enkele kwaliteiten - sommige bevatten dingen,
Die een dubbelleven hebben, dat zo wordt gemaakt
Een type van die tweelingentiteit die ontspringt
Van materie en licht, gemanifesteerd in massief en schaduw.
Er is een tweevoudige stilte — zee en kust —
Lichaam en geest. Men woont op eenzame plaatsen,
Nieuw met gras o'ergrown; enkele plechtige genaden,
Enkele menselijke herinneringen en betraande overlevering,
Maak hem doodsbang: zijn naam is "Niet Meer".
Hij is de Stilte van het bedrijfsleven: vrees hem niet!
Hij heeft geen macht van het kwade in zichzelf;
Maar mocht een dringend lot (ontijdig lot!)
Breng je naar zijn schaduw (naamloze elf,
Die spookt in de eenzame streken waar hij heeft gewandeld
Geen voet van een mens) beveel u aan God aan!

DE WORM VAN DE VEROVERAAR.

LO! Het is een gala-avond
In de eenzame laatste jaren!
Een engel die zich verdrong, gevleugeld, bedight
In sluiers, en verdronken in tranen,
Ga in een theater zitten, om te zien
Een spel van hoop en vrees,
Terwijl het orkest onstuimig ademt
De muziek van de sferen.

Mimespelers, in de gedaante van God in den hoge,
Zacht mompelen en mompelen,
En hier en daar vliegen -
Louter marionetten zij, die komen en gaan
Op bevel van enorme vormloze dingen
Die het landschap heen en weer verschuiven,
Fladderen uit hun Condor-vleugels
Onzichtbaar Wo!

Dat bonte drama - oh, wees er zeker van
Het zal niet vergeten worden!
Met zijn Phantom voor altijd achtervolgd,
Door een menigte die het niet aangrijpt,
Door een cirkel die altijd terugkeert in
Naar dezelfde plek,
En veel van waanzin, en nog meer van zonde,
En Horror, de ziel van het plot.

Maar zie, te midden van de nabootsende vlucht
Een kruipende vorm dringt binnen!
Een bloedrood ding dat kronkelt van buiten

De schilderachtige eenzaamheid!
Het kronkelt! — het kronkelt! — met dodelijke weeën
De mimespelers worden zijn voedsel,
En de engelen snikken om hoektanden van ongedierte
In menselijk bloed doordrenkt.

Uit - uit zijn de lichten - uit alles!
En, over elke trillende vorm,
Het gordijn, een lijkkleed,
Komt naar beneden met de stroom van een storm,
En de engelen, allemaal bleek en vaal,
Opstand, onthulling, bevestiging
Dat het stuk de tragedie 'Man' is,
En zijn held de Veroveraar Worm.

HET SPOOKPALEIS.

IN de groenste van onze valleien
Door goede engelen bewoond,
Eens een schoon en statig paleis -
Stralend paleis - stak de kop op.
In de heerschappij van de monarch Gedachte -
Het stond daar!
Nooit serafijn een rondsel spreiden
Over stof, half zo eerlijk!

Banners geel, glorieus, gouden,
Op zijn dak zweefde en stroomde,
(Dit – dit alles – was in de oudheid
Tijd lang geleden,)
En elke zachte lucht die neerdaalde,
Op die zoete dag,
Langs de wallen gepluimd en bleek,
Een gevleugelde geur verdween.

Zwervers in die gelukkige vallei,
Door twee lichtgevende ramen, zag
Geesten die muzikaal bewegen,
Naar de goed afgestemde wet van een luit,
Rond een troon waar, zittend
(Porfyrogeen!)
In staat zijn heerlijkheid welgevallig,
De heerser van het rijk werd gezien.

En dat alles met parelmoer en robijn gloeiend
Was de schone paleisdeur,
Waardoor stroomde, stroomde, stroomde,

En altijd sprankelend,
Een troep Echo's, wiens zoete plicht
Was alleen maar om te zingen,
In stemmen van alles overtreffende schoonheid,
De humor en wijsheid van hun koning.

Maar boze dingen, in gewaden van verdriet,
Viel de hoge stand van de vorst aan.
(Ach, laten we treuren! - om nooit verdriet te hebben [[morgen]]
Zal hem woest overkomen!)
En rondom zijn huis de heerlijkheid
Die bloosde en bloeide,
Is slechts een vaag herinnerd verhaal
Van de oude tijd begraven.

En reizigers, nu, in dat dal,
Door de rood verlichte ramen zie je
Enorme vormen, die fantastisch bewegen
Op een dissonante melodie,
Terwijl, als een afschuwelijke snelle rivier,
Door de bleke deur
Een afschuwelijke menigte stormt voor altijd naar buiten
En lach - maar lach niet meer.

SCÈNES UIT "POLITIAN";

EEN ONGEPUBLICEERD DRAMA.

I.

ROME. — *Een zaal in een paleis. Alessandra en Castiglione.*

Alessandra. Gij zijt bedroefd, Castiglione.

Castiglione. Treurig! — niet ik.
O, ik ben de gelukkigste, gelukkigste man in Rome!
Nog een paar dagen, weet je, mijn Alessandra,
Zal je de mijne maken. Oh, ik ben erg blij!

Minder. Ik denk dat je een eigenaardige manier hebt om te laten zien
Uw geluk! — Wat scheelt u, neef van mij?
Waarom heb je zo diep gezucht?

Cas. Heb ik gezucht?
Ik was me er niet van bewust. Het is een mode,
Een dwaze - een zeer dwaze mode die ik heb
Als ik heel blij ben. Heb ik gezucht? (*zucht.*)

Minder. Dat hebt gij gedaan. Het gaat niet goed met je. Gij hebt u overgegeven
Te veel van de laatste tijd, en ik ben geïrriteerd om het te zien.
Late uren en wijn, Castiglione, — deze
Zal u te gronde richten! Gij zijt reeds veranderd —

Uw blikken zijn verwilderd - niets slijt zo
De grondwet als late uren en wijn.

Cas. (mijmerend.) Niets, schone neef, niets — zelfs geen diep
verdriet —
Slijt het weg als kwade uren en wijn.
Ik zal het wijzigen.

Minder. Doe het! Ik zou willen dat je valt
Ook uw losbandig gezelschap - kerels van lage afkomst -
Slecht geschikt voor het soort met de erfgenaam van de oude Di
Broglio
En de man van Alessandra.

Cas. Ik zal ze laten vallen.

Minder. Gij zult — gij moet. Luister ook naar meer
Aan uw kleding en equipage - ze zijn meer dan eenvoudig
Voor uw verheven rang en mode hangt er veel van af
Bij verschijningen.

Cas. Ik zal ervoor zorgen.

Minder. Zorg er dan voor! — Besteed meer aandacht, meneer,
Naar een wordend rijtuig - veel wil je
In waardigheid.

Cas. Veel, veel, oh veel wil ik
In de juiste waardigheid.

Minder. (Hooghartig.) Gij bespot mij, mijnheer!

Cas. (geabstraheerd.) Zoete, zachte Lalage!

*Minder. Heb je gehoord dat ik het goed heb?
Ik spreek met hem – hij spreekt over Lalage!
Meneer de Graaf! (legt haar hand op zijn schouder) Wat droom
je? Het gaat niet goed met hem!
Wat scheelt u, meneer?*

*Cas. (opzienbarend.) Neef! Eerlijke neef! — Mevrouw!
Ik smeek om uw vergeving – het gaat inderdaad niet goed met
mij –
Je hand van mijn schouder, als je wilt.
Deze lucht is zeer beklemmend! — Mevrouw, de Hertog!*

Voer Di Broglio in.

*Di Broglio. Mijn zoon, ik heb nieuws voor je! — Hé? — Wat is
er aan de hand? (Alessandra observerend.)
Ik! de pruillippen? Kus haar, Castiglione! kus haar,
Jij hond! en maak het goed, zeg ik, op dit moment!
Ik heb nieuws voor jullie allebei. Politian wordt verwacht
Elk uur in Rome - Politian, graaf van Leicester!
We zullen hem op de bruiloft hebben. Het is zijn eerste bezoek
Naar de keizerlijke stad.*

*Minder. Wat! Politiek
Van Groot-Brittannië, graaf van Leicester?*

*Di Brog. Hetzelfde, mijn liefste.
We zullen hem op de bruiloft hebben. Een man vrij jong
In jaren, maar grijs in roem. Ik heb hem niet gezien,
Maar het gerucht spreekt over hem als over een wonderkind
Uitmuntend in kunst en wapens, en rijkdom,
En hoge afdaling. We zullen hem op de bruiloft hebben.*

*Minder.   Ik heb veel van deze Politicus gehoord.
Vrolijk, wispelturig en duizelig - is hij niet?
En weinig gegeven aan denken.*

*Di Brog.   Verre van dat, liefde.
Geen tak, zeggen ze, van alle filosofie
Zo diep diepzinnig dat hij het niet onder de knie heeft.
Geleerd zoals weinigen geleerd worden.*

*Minder.   't Is heel vreemd!
Ik heb mannen gekend die Politian hebben gezien
En zocht zijn gezelschap. Ze spreken over hem
Als van iemand die als een waanzinnige het leven binnenging,
De beker van plezier tot de droesem drinken.*

*Cas.   Belachelijk! Nu heb ik Politian gezien
En ken hem goed — noch geleerd, noch vrolijk.
Hij is een dromer en een man die buitengesloten is
Van gemeenschappelijke passies.*

*Di Brog.   Kinderen, daar zijn we het niet mee eens.
Laten we naar buiten gaan en de geurige lucht proeven
Van de tuin. Heb ik gedroomd, of heb ik het gehoord?
Was Politian een melancholische man?*

(uitgezonderd.)

II.

ROME. Een damesappartement, met een raam open en met uitzicht op een tuin. Lalage, in diepe rouw, lezend aan een tafel waarop enkele boeken en een handspiegel liggen. Op de achtergrond [[achtergrond]] leunt Jacinta (een dienstmeisje) achteloos op een stoel.

Lal. [[Lalage]] Jacinta! Bent u het?

Jac. [[Jacinta]] (pertinent.) Ja, mevrouw, ik ben hier.

Lal. Ik wist het niet, Jacinta, dat je op je wachtte. Ga zitten! — Laat mijn tegenwoordigheid u niet verontrusten
—
Ga zitten! - want ik ben nederig, zeer nederig.

Jac. (terzijde.) Het is tijd.

(Jacinta gaat zijwaarts op de stoel zitten, laat haar ellebogen op de rugleuning rusten en kijkt haar meesteres met een minachtende blik aan. Lalage gaat verder met lezen.)

Lal. "Het is in een ander klimaat, dus zei hij,
"Droeg een heldere gouden bloem, maar niet ik' [[in]] deze grond!"
(Pauzeert — Draait wat bladeren om en gaat verder.)
"Geen slepende winters daar, noch sneeuw, noch regen -
"Maar de oceaan zal de mensheid altijd verfrissen
"Ademt de schrille geest van de westenwind."
Oh, mooi! — de mooiste! — hoe leuk
Waartoe droomt mijn koortsige ziel van de hemel!
O gelukkig land! (Pauzeert.) Ze stierf! — het meisje is gestorven!
O nog gelukkiger meisje dat kon sterven!

Jacinta!
(Jacinta antwoordt niet, en Lalage gaat even later verder.)
Opnieuw! — een soortgelijk verhaal
Verteld van een mooie dame aan de andere kant van de zee!
Zo spreekt een zekere Ferdinand in de woorden van het toneelstuk:
"Ze is jong gestorven" – antwoordt een Bossola hem –
"Ik denk het niet - haar onvruchtbaarheid
"Leek jaren te veel te hebben" - Ah ongelukkige dame!
Jacinta! (Nog steeds geen antwoord.)
Hier is een veel strenger verhaal
Maar als - oh, heel erg als in zijn wanhoop -
Van die Egyptische koningin, die zo gemakkelijk won
Duizend harten — en uiteindelijk haar eigen hart verliezend.
Ze stierf. Zo eindigt de geschiedenis - en haar dienstmeisjes
Leun voorover en huil - twee vriendelijke dienstmeisjes
Met zachte namen - Eiros en Charmion!
Regenboog en Duif! —— Jacinta!

Jac. (kleinzielig.) Mevrouw, wat is het?

Lal. Wil je, mijn goede Jacinta, zo vriendelijk zijn
Als ga naar beneden in de bibliotheek en breng me
De Heilige Evangelisten.

Jac. Psja! (Afsluiten.)

Lal. Als er balsem is
Voor de gewonde geest in Gilead is het er!
Dauw in de nacht van mijn bittere benauwdheid
Zal er gevonden worden - "dauw zoeter veel dan dat
Die hangt als kettingen van parels aan de Hermon-heuvel."
(Kom Jacinta weer binnen, en gooit een boek op tafel.)

*Daar, mevrouw, is het boek. Ze is inderdaad erg
lastig. (terzijde.)*

Lal. *(verbaasd.)* Wat heb je gezegd, Jacinta? Heb ik iets gedaan
Om u te bedroeven of te kwellen? — Het spijt me.
Want Gij hebt mij lang gediend en altijd geweest
Betrouwbaar en respectvol.
(gaat verder met lezen.)

Jac. Ik kan het niet geloven
Ze heeft nog meer juwelen — nee — nee — ze heeft me alles
gegeven.
(terzijde.)

Lal. Wat heb je gezegd, Jacinta? Nu denk ik dat ik
Gij hebt de laatste tijd niet over uw bruiloft gesproken.
Hoe gaat het met goede Ugo? — en wanneer zal dat zo zijn?
Kan ik iets doen? — Is er geen verdere hulp?
Heb je nodig, Jacinta?

Jac. Is er geen verdere hulp!
Dat is voor mij bedoeld. *(terzijde)* Ik weet het zeker, mevrouw,
dat u dat niet hoeft te doen
Ik gooi altijd die juwelen tussen mijn tanden.

Lal. Juwelen! Jacinta, — nu inderdaad, Jacinta,
Ik dacht niet aan de juwelen.

Jac. Oh! Misschien niet!
Maar dan had ik het misschien gezworen. Eindelijk
Er is Ugo zegt dat de ring alleen maar pasta is,
Want hij is er zeker van dat graaf Castiglione nooit
Zou een echte diamant hebben gegeven aan mensen zoals jij;

*En in het beste geval ben ik er zeker van, mevrouw, dat u dat
niet kunt
Heb nu gebruik van juwelen. Maar ik had het kunnen zweren.*

*(Afsluiten.)
(Lalage barst in tranen uit en leunt met haar hoofd op de tafel -
na een korte pauze heft ze het op.)*

*Lal. Arme Lalage! — en komt het zover Is het?
Uw dienstmaagd! — maar moed! — 't Is maar een adder
Die gij gekoesterd hebt, om u in de ziel te steken!
(neemt de spiegel op)
Ha! Hier is tenminste een vriend - te veel een vriend
Vroeger — een vriend zal je niet bedriegen.
Eerlijke spiegel en waar! Zeg het me nu (want je kunt het)
Een verhaal — een mooi verhaal — en sla er geen acht op
Al is het vol ellende. Het antwoordt me.
Het spreekt van ingevallen ogen en versleten wangen,
En schoonheid die al lang overleden is - herinnert zich mij
Van Vreugde vertrokken - Hoop, de Serafijnen Hoop,
Ingegraven en begraven! — nu, op een toon
Laag, droevig en plechtig, maar zeer hoorbaar,
Gefluister van vroeg graf, vroegtijdig gapen
Voor geruïneerde meid. Eerlijke spiegel en waar! — Gij liegt niet!
Gij hebt geen einde te winnen — geen hart te breken —
Castiglione loog wie zei dat hij hield van ——
Gij waarachtig, hij onwaar! — niet waar! — niet waar!
(Terwijl ze spreekt, komt een monnik haar appartement binnen en
nadert onopgemerkt.)*

*Monnik. Toevlucht hebt gij,
Lieve dochter! in de hemel. Denk aan eeuwige dingen!
Geef uw ziel over aan de boetedoening en bid!*

Lal. (staat haastig op.) *Ik kan niet bidden! — Mijn ziel is in*
oorlog met God!
De angstaanjagende geluiden van vrolijkheid beneden
Verstoor mijn zintuigen - ga! Ik kan niet bidden —
De zoete lucht uit de tuin baart me zorgen!
Uw tegenwoordigheid bedroeft mij — ga! — uw priesterlijk
gewaad
Vervult me met angst - uw ebbenhouten kruisbeeld
Met afschuw en ontzag!

Monnik. Denk aan uw dierbare ziel!

Lal. Denk aan mijn vroege dagen! — denk aan mijn vader
En moeder in de hemel! Denk aan ons rustige huis,
En het beekje dat voor de deur liep!
Denk aan mijn kleine zusjes! — denk aan hen!
En denk aan mij! — denk aan mijn vertrouwende liefde
En vertrouwen - zijn geloften - mijn ondergang - denken - denken
Van mijn onuitsprekelijke ellende! —— begone!
Maar toch blijven! maar blijf! - Wat hebt u gezegd van gebed
En boetedoening? Hebt gij niet van het geloof gesproken?
En geloften voor de troon?

Monnik. Heb ik gedaan.

Lal. 't Is goed.
Er is een gelofte waar passend moet worden gemaakt -
Een heilige gelofte, dwingend en dringend,
Een plechtige gelofte!

Monnik. Dochter, deze ijver is goed!

Lal. Vader, deze ijver is allesbehalve goed!
Hebt gij een kruisbeeld dat voor deze zaak geschikt is?
Een kruisbeeld waarop u zich kunt registreren
Deze heilige gelofte?
(Hij geeft haar de zijne.)
Niet dat - Oh! Nee! — Neen! — Neen!
(huiveringwekkend.)
Niet dat! Niet dat! - Ik zeg u, heilige man,
Uw gewaden en uw ebbenhouten kruis beangstigen mij!
Doe een stapje terug! Ik heb zelf een kruisbeeld, —
Ik heb een kruisbeeld! Ik denk dat het passend was
De daad — de gelofte — het symbool van de daad —
En het register van de akte moet kloppen, vader!
(Trekt een dolk met gekruist handvat en heft deze omhoog.)
Aanschouw het kruis waarmee een gelofte als de mijne wordt
afgelegd
Staat in de hemel geschreven!

Monnik. Je woorden zijn waanzin, dochter,
En spreek een onheilig doel - uw lippen zijn woedend -
Uw ogen zijn wild - verleid de goddelijke toorn niet!
Pauzeer voordat het te laat is! – o wees niet – wees niet
overhaast!
Zweer de eed niet - o, zweer het niet!

Lal. 't Is beëdigd!

III.

Een appartement in een paleis. Politian en Baldazzar.
Baldazzar. ———— *Wek je nu op, Politicus!*
Gij moogt niet, neen, ja, gij zult niet
Geef toe aan deze humor. Wees jezelf!
Schud de ijdele fantasieën die u belaagden van u af,
En leef, want nu sterft gij!

Politiek. Niet dus, Baldazzar!
Voorwaar, ik leef.

Bal. Politicus, het doet me verdriet
Om u zo te zien.

Pol. Baldazzar, het doet mij verdriet
Om u reden tot verdriet te geven, mijn geëerde vriend.
Beveel mij, meneer! Wat wilt Gij dat ik doe?
Op uw verzoek zal ik die natuur van mij afschudden
Die ik van mijn voorvaderen heb geërfd,
Die ik met mijn moedermelk wel heb gedronken,
En wees niet meer een Politian, maar een ander.
Beveel mij, meneer!

Bal. Naar het veld dan — naar het veld —
Naar de senaat of het veld.

Pol. Helaas! helaas!
Er is een imp zou me zelfs daar volgen!
Er is een kabouter die mij zelfs daar is gevolgd!
Er is ——— *welke stem was dat?*

Bal. Ik heb het niet gehoord.
Ik hoorde geen andere stem dan de uwe,
En de echo van de uwe.

Pol. Toen droomde ik alleen maar.

Bal. Geef uw ziel niet aan dromen: de legerplaats — het hof
Past u - Roem wacht op u - Glorie roept -
En haar de bazuintong die je niet zult horen
Bij het luisteren naar denkbeeldige geluiden
En fantoomstemmen.

Pol. Het is een fantoomstem!
Hebt gij het dan niet gehoord?

Bal. Ik heb het niet gehoord.

Pol. Gij hebt het niet gehoord! —— Baldazaar, spreek niet meer
Aan mij, Politicus, van uw kampen en hoven.
Oh! Ik ben ziek, ziek, ziek, zelfs tot de dood toe,
Van de holle en hoogdravende ijdelheden
Van de bevolkte aarde! Heb nog een poosje geduld met me!
We zijn samen jongens geweest — schoolkameraden —
En nu zijn vrienden - maar zullen niet zo lang zijn -
Want in de eeuwige stad zult Gij mij doen
Een vriendelijk en vriendelijk kantoor, en een Kracht -
Een verheven, welwillende en oppermachtige Macht —
Zal u dan van alle verdere plichten ontslaan
Aan uw vriend.

Bal. Gij spreekt een vreselijk raadsel
Ik zal het niet begrijpen.

Pol. Maar nu als het lot
Nadert, en de Uren ademen laag,
Het zand van de Tijd is veranderd in gouden korrels,
En verblind me, Baldazzar. Helaas! helaas!
Ik kan niet sterven, omdat ik in mijn hart heb
Zo vurig genieten van het mooie
Alsof het daarin is ontstoken. Ik denk dat de lucht
Is het nu zachter dan het gewoon was te zijn -
Rijke melodieën drijven in de wind -
Een zeldzamere lieflijkheid bedekt de aarde -
En met een heiliger glans de stille maan
zit in de hemel. — Hist! Hist! Gij kunt niet zeggen
Hoor je nu niets, Baldazzar?

Bal. Waarlijk, ik hoor niet.

Pol. Hoor het niet! — Luister nu — luister! — het zwakste
geluid
En toch het zoetste dat dat oor ooit heeft gehoord!
De stem van een dame! - en verdriet in de toon!
Baldazzar, het beklemt me als een betovering!
Opnieuw! — alweer! — hoe plechtig het valt
In mijn hart der harten! Die welsprekende stem
Ik heb het zeker nooit gehoord — maar het was goed
Had ik het maar gehoord met zijn opwindende tonen
Vroeger!

Bal. Ik hoor het nu zelf ook.
Wees stil! — de stem, als ik me niet erg vergis,
Opbrengst van ginds rooster - dat u kunt zien
Heel duidelijk door het raam — het hoort erbij,
Is dat niet zo? naar dit paleis van de hertog.
De zanger is ongetwijfeld onder

*Het dak van Zijne Excellentie - en misschien
Is zelfs die Alessandra over wie hij sprak
Als de verloofde van Castiglione,
Zijn zoon en erfgenaam.*

*Pol. Wees stil! — het komt weer!
Stem
(Heel flauw.)
'En is uw hart zo sterk
Wat betreft om me zo te verlaten
Die u zo lang heeft liefgehad
In rijkdom en wee?
En is uw hart zo sterk
Wat betreft om me zo te verlaten?
Zeg nee, zeg nee!"*

*Bal. Het nummer is Engels, en ik heb het vaak gehoord
In het vrolijke Engeland – nooit zo klagend –
Hist! Hist! Het komt weer!
Stem
(luider.)
"Is het zo sterk
Wat betreft om me zo te verlaten
Die u zo lang heeft liefgehad
In rijkdom en wee?
En is uw hart zo sterk
Wat betreft om me zo te verlaten?
Zeg nee, zeg nee!"*

Bal. Het is stil en alles is stil!

Pol. Niet alles staat stil!

Bal. Laten we naar beneden gaan.
Pol. Ga naar beneden, Baldazzar, ga!

Bal. Het wordt laat – de hertog wacht op ons, –
Uw aanwezigheid wordt verwacht in de zaal
Onder. Wat scheelt u, graaf Politian?
Stem
(duidelijk.)
"Wie heeft u zo lang liefgehad,
In rijkdom en wee,
En is uw hart zo sterk?
Zeg nee, zeg nee!"

Bal. Laten we afdalen! — 't Is tijd. Politicus, geef
Deze fantasieën naar de wind. Gedenk, bid,
Uw houding smaakte de laatste tijd veel naar onbeschoftheid
Aan de hertog. Wek u op! En onthoud!

Pol. Zich herinneren? Ik wel. Loop voorop! Ik herinner het me
wel. (gaat.)
Laten we afdalen. Geloof me, ik zou geven,
Zou vrijelijk de uitgestrekte landen van mijn graafschap geven
Om te kijken naar het gezicht verborgen door uw traliewerk -
"Om naar dat gesluierde gezicht te staren en te horen
Nog één keer die stille tong."

Bal. Laat me u smeken, meneer,
Daal met mij af – de hertog kan beledigd zijn.
Laten we naar beneden gaan, bid ik u.
(Stem luid.) Zeg nee! — Zeg neen!

Pol. (terzijde.) 't Is vreemd! — 't Is heel vreemd — dacht ik dat
de stem

Stemde in met mijn verlangens en beval me te blijven! *(Nadert het raam.)*
Lieve stem! Ik luister naar u en zal zeker blijven.
Nu, wees deze fantasie, bij de hemel, of het noodlot,
Toch zal ik niet afdalen. Baldazzar, maken
Verontschuldiging aan de hertog voor mij;
Ik ga vanavond niet naar beneden.

Bal. Het genoegen van Uwe Edelheid
Zal worden bijgewoond. Welterusten, Politicus.

Pol. Welterusten, mijn vriend, welterusten.

IV.

De tuinen van een paleis - Moonlight. Lalage en Politian.

Lalage. En spreek je over liefde
Voor mij, Politian? — Spreekt gij van liefde?
Naar Lalage? — ah wo — ah wo ben ik!
Deze bespotting is zeer wreed — zeer wreed zelfs!

Politiek. Huil niet! Oh, snik niet zo! — uw bittere tranen
Zal me gek maken. Ach treur niet, Lalage —
Laat je troosten! Ik weet het - ik weet het allemaal,
En nog steeds spreek ik over liefde. Kijk naar mij, de helderste,
En mooie Lalage! — Keer hier uw ogen om!
Gij vraagt mij of ik van liefde mag spreken,
Weten wat ik weet, en zien wat ik heb gezien.
Gij vraagt mij dat — en dus antwoord ik u —
Zo antwoord ik u op mijn gebogen knieën.

(knielend.)
Lieve Lalage, ik hou van je - hou van je - hou van je;
Tho' goed en kwaad - thro' wee ik heb je lief.
Niet moeder, met haar eerstgeborene op haar knie,
Ontroert met intensievere liefde dan ik voor jou.
Niet op Gods altaar, in geen enkele tijd of klimaat,
Daar brandde een heiliger vuur dan nu brandt
In mijn geest voor jou. En heb ik lief?

(Ontstaat.)
Zelfs om uw ellende heb ik u lief - zelfs om uw ellende -
Uw schoonheid en uw ellende.

Lal. Helaas, trotse graaf,
Gij vergeet uzelf, denkende aan mij!
Hoe, in de zalen van uw vader, onder de meisjes
Zuiver en onberispelijk van uw vorstelijke geslacht,
Zou de onteerde Lalage kunnen blijven?
Uw vrouw, en met een bezoedeld geheugen -
Mijn geschroeide en verwoeste naam, hoe zou die kloppen
Met de voorouderlijke eer van uw huis,
En met uw glorie?

Pol. Spreek niet tot mij over heerlijkheid.
Ik haat - ik verafschuw de naam; Ik verafschuw het
Het onbevredigende en ideale ding.
Zijt gij niet Lalage en ik Politian?
Heb ik niet lief - bent u niet mooi -
Wat hebben we nog meer nodig? Ha! glorie! — spreek er nu niet
over!
Bij allen die ik het heiligst en meest plechtig acht -
Bij al mijn wensen nu — mijn angsten in het hiernamaals —
Bij alles wat ik veracht op aarde en hoop in de hemel -
Er is geen daad waarin ik meer zou roemen,
Dan in uw zaak om te spotten met deze zelfde heerlijkheid
En vertrap het onder de voeten. Wat maakt het uit -
Wat maakt het uit, mijn eerlijkste, en mijn beste,
Dat we ongeëerd en vergeten ten onder gaan
In het stof - dus we dalen samen af.
Samen afdalen - en dan - en dan misschien ——

Lal. Waarom wacht je, Politicus?

Pol. En dan, misschien,
Sta samen op, Lalage, en zwerf rond
De sterrenhemel en stille woningen van de gelukzaligen,

En nog steeds ——
Lal. *Waarom wacht je, Politicus?*

Pol. *En nog steeds samen - samen.*

Lal. *Nu graaf van Leicester!*
Gij hebt mij lief en in het diepst der harten
Ik voel dat je me waarlijk liefhebt.

Pol. *Oh, Lalage! (Hij werpt zich op zijn knie.)*
En hebt gij mij lief?

Lal. *Hist! stilte! In de duisternis*
Van gindse bomen dacht ik aan een figuur voorbij -
Een spookachtige gestalte, plechtig en traag en geruisloos —
Als de grimmige schaduw Conscience, plechtig en
geruisloos. (Loopt naar de overkant en keert terug.)
Ik vergiste me — het was maar een reusachtige tak
Aangewakkerd door de herfstwind. Politiek!

Pol. *Mijn Lalage - mijn liefde! Waarom zijt gij ontroerd?*
Waarom word je zo bleek? Niet het geweten zelf,
Veel minder een schaduw die je ermee gelijkt,
Zou de vaste geest zo moeten schudden. Maar de nachtwind
Is kil – en deze melancholieke takken
Werp alle dingen somber over.

Lal. *Politiek!*
Gij spreekt tot mij van liefde. Kent gij het land
Waarmee alle tongen bezig zijn - een nieuw gevonden land -
Wonderbaarlijk gevonden door een van Genua -
Duizend mijlen binnen het gouden westen?
Een sprookjesland van bloemen, fruit en zonneschijn,

En kristalheldere meren, en overkoepelende bossen,
En bergen, waaromheen de torenhoge toppen de winden waaien
Van de Hemel onbelemmerde stroom - welke lucht in te ademen
Is Geluk nu, en zal hierna Vrijheid zijn?
  In de dagen die komen gaan?

  Pol. O, wilt gij — wilt gij
Vlieg naar dat paradijs - mijn Lalage, wilt u
Vlieg je met me mee? Daar zal de zorg vergeten worden,
En verdriet zal niet meer zijn, en Eros zal alles zijn.
En dan zal het leven van mij zijn, want ik zal leven
  Voor u, en in uw ogen - en u zult zijn
Geen rouwende meer - maar de stralende vreugden
  Zal op u wachten, en de engel Hope
Vergezel u altijd; en ik zal voor u knielen
  En aanbid u, en noem u mijn geliefde,
Mijn eigen, mijn mooie, mijn liefde, mijn vrouw,
  Mijn alles; - o, wilt u - wilt gij, Lalage,
    Vlieg je met me mee?

  Lal. Er moet een daad worden verricht —
    Castiglione leeft!

  Pol. En hij zal sterven!

  (Afsluiten.)

Lal. (na een pauze.) En – hij – zal – sterven! ——— helaas!
  Castiglione sterven? Wie sprak de woorden?
  Waar ben ik? — Wat zei hij? — Politiek!
Gij zijt niet weggegaan, gij zijt niet heengegaan, Politicus!
Ik voel dat je niet weg bent — maar durf niet te kijken,
Opdat ik u niet zie; Gij zoudt niet kunnen gaan

Met die woorden op uw lippen - O, spreek tot mij!
En laat mij uw stem horen - één woord - één woord,
Om te zeggen dat je niet weg bent, - een klein zinnetje,
Om te zeggen hoe je veracht - hoe je haat
Mijn vrouwelijke zwakte. Ha! ha! Gij zijt niet heengegaan,
O spreek tot mij! Ik wist dat je niet zou gaan!
Ik wist dat je niet wilde, niet kon, niet durfde te gaan.
Schurk, je bent niet weg, je bespot me!
En zo grijp ik je vast - zo! ——— Hij is weg, Hij is weg ...
Weg - weg. Waar ben ik? —— 't is goed — 't is heel goed!
Zodat het mes scherp is - de slag zeker,
't Is goed, 't is heel goed – helaas! helaas!
(Afsluiten.)

V.

De buitenwijken. Politicus alleen.

Politiek. Deze zwakheid groeit bij mij. Ik ben flauw,
En hoezeer ik vrees me ziek – dat zal niet goed zijn
Om te sterven voordat ik geleefd heb! — Blijf — houd uw hand vast,
O Azraël, nog een poosje! — Vorst der Mogendheden
Van de duisternis en het graf, o heb medelijden met mij!
O medelijden met mij! laat me nu niet omkomen,
In de ontluiking van mijn paradijselijke hoop!
Geef me nog te leven – nog een korte tijdje:
Ik ben het die bid voor het leven - ik die zo laat is
Eiste maar om te sterven! — wat zegt de Graaf?

Voer Baldazzar in.

Baldazzar. Dat er geen oorzaak van ruzie of vete bekend is
Tussen de graaf Politian en hemzelf.
Hij wijst uw kartel af.

Pol. Wat heb je gezegd?
Welk antwoord had je me gegeven, goede Baldazzar?
Met wat een overmatige geur komt de zephyr
Beladen vanuit gindse prieeltjes! — een eerlijker dag,
Of een waardiger Italië, denk ik
Geen sterfelijk oog heeft het gezien! — wat zeide de Graaf?

Bal. Dat hij, Castiglione, zich niet bewust is
Van een bestaande vete of een oorzaak
Van twist tussen uwe heerschappij en hemzelf,

Kan de uitdaging niet aan.
Pol. Het is zeer waar:
Dit is allemaal helemaal waar. Toen zag ik u, meneer,
Toen zag ik je nu, Baldazzar, in het ijskoude
Onaangenaam Groot-Brittannië dat we zo kort geleden hebben verlaten,
Een hemel zo kalm als deze – zo volkomen vrij
Van de kwade smet van wolken? - en hij zei het?

Bal. Evenmin als ik u gezegd heb, mijnheer:
De graaf Castiglione zal niet vechten,
Geen reden tot ruzie hebben.

Pol. Nu is dit waar -
Allemaal heel waar. Gij zijt mijn vriend, Baldazzar,
En ik ben het niet vergeten - gij doet mij
Een stukje dienst; Wilt Gij teruggaan en zeggen?
Aan deze man, dat ik, de graaf van Leicester,
Houd hem een schurk? — zoveel, zeg ik u
Tot de Telling – het is meer dan alleen
Hij zou reden tot ruzie moeten hebben.

Bal. Mijn heer! — mijn vriend! —

Pol. (terzijde.) Dat is hij! — Hij komt zelf? (hardop.) Gij redeneert goed.
Ik weet wat je zou zeggen - niet de boodschap sturen -
Goed! – Ik zal erover nadenken – ik zal het niet sturen.
Nu, wrik, verlaat mij - hier komt een persoon
Met wie aangelegenheden van zeer persoonlijke aard
Ik zou me aanpassen.

Bal. Ik ga - morgen ontmoeten we elkaar,

Doen we dat niet? — in het Vaticaan.

Pol. In het Vaticaan.

(afslag Bal.)

Voer Castigilone in.

Cas. De graaf van Leicester hier!

Pol. Ik ben de graaf van Leicester, en gij ziet,
Zijt gij dat niet? dat ik hier ben.

Cas. Mijn heer, een vreemde,
Een of andere bijzondere vergissing — misverstand —
Is zonder twijfel opgestaan: gij zijt aangespoord
Daarbij, in de hitte van woede,
Sommige woorden die zeer onverklaarbaar zijn, op schrift,
Voor mij, Castiglione; de drager zijnde
Baldazzar, hertog van Surrey. Ik ben op de hoogte
Van niets dat u in deze zaak zou kunnen rechtvaardigen,
Ik heb u geen aanstoot gegeven. Ha! — heb ik gelijk?
'Was het een vergissing? — ongetwijfeld — wij allen
Vergis je soms.

Pol. Teken, schurk en prate niet meer!

Cas. Ha! — gelijkspel? - en schurk? Grijp dan meteen naar je,
Trotse graaf!

(gelijkspel.)

Pol. (tekening.) Aldus naar het boetegraf,

Ontijdig graf, ik wijd u toe
In naam van Lalage!
Cas. *(Hij laat zijn zwaard vallen en deinst terug naar het einde*
van het podium.)
Van Lalage!
Wacht even - uw heilige hand! — avaunt, zeg ik!
Durf – ik zal niet tegen je vechten – ja, ik durf het niet.

Pol. *Gij zult niet met mij strijden, zei u, mijnheer de graaf?*
Zal ik zo verbijsterd zijn? — nu is dit goed;
Hebt gij gezegd dat gij het niet durft? Ha!

Cas. *Ik durf niet — durf niet —*
Houd uw hand af - met die geliefde naam
Zo vers op uw lippen dat ik u niet zal bestrijden -
Ik kan – durf niet.

Pol. *Nu door mijn halidom*
Ik geloof u! — lafaard, ik geloof je!

Cas. *Ha! — lafaard! — dit is misschien niet zo!*
(grijpt zijn zwaard en wankelt naar Politian, maar zijn doel
wordt veranderd voordat hij hem bereikt, en hij valt op zijn
knie aan de voeten van de graaf)

Helaas! Mijne Heeren,
Het is – het is – zeer waar. In zo'n zaak
Ik ben de allergrootste lafaard. O medelijden met mij!

Pol. *(sterk verzacht.) Helaas! – Dat doe ik – ja, ik heb*
medelijden met je.

Cas. *En Lalage* ———

Pol. Ploert! — Sta op en sterf!

Cas. Het hoeft niet zo te zijn – zo – zo – o laat me sterven
Dus op mijn gebogen knie. Het was zeer passend
Dat ik in deze diepe vernedering omkom.
Want in de strijd zal ik geen hand opheffen
Tegen u, graaf van Leicester. Sla je naar huis -
(Ontbloot zijn boezem.)
Hier is geen laat of hindernis voor uw wapen -
Sla naar huis. Ik zal niet tegen u vechten.

Pol. Nu s'Death en de hel!
Word ik niet – ben ik niet zwaar – zwaar verzocht
Om u op uw woord te geloven? Maar let op mij, meneer!
Denk niet om me zo te laten vliegen. Bereidt gij u voor?
Voor openbare belediging op straat - voordat
De ogen van de burgers. Ik zal je volgen -
Als een wrekende geest zal ik je volgen
Zelfs tot de dood toe. Voor hen die je liefhebt -
Voor heel Rome zal ik je beschimpen, schurk, - ik zal je
beschimpen,
Hoor je? met lafheid - Gij zult mij niet bestrijden?
Gij liegt! Gij zult!
(Afsluiten.)

Cas. Nu is dit inderdaad gewoon!
Meest rechtvaardige, en meest rechtvaardige, de hemel wrekend!

Het Einde.

Milton Keynes UK
Ingram Content Group UK Ltd.
UKHW042037031224
452078UK00001B/196